国家出口潜力和影响因素研究

袁春晓◎著

吉林大学出版社

JILIN UNIVERSITY PRESS

·长春·

图书在版编目（CIP）数据

国家出口潜力和影响因素研究 / 袁春晓著. —长春：
吉林大学出版社，2022.1
ISBN 978-7-5692-9619-8

Ⅰ.①国… Ⅱ.①袁… Ⅲ.①出口贸易—研究—中国
Ⅳ.①F752.62

中国版本图书馆CIP数据核字（2021）第234588号

书 名	国家出口潜力和影响因素研究	
	GUOJIA CHUKOU QIANLI HE YINGXIANG YINSU YANJIU	
作 者	袁春晓 著	
策划编辑	云 宇	
责任编辑	蔡玉奎	
责任校对	王 蕾	
装帧设计	中尚图	
出版发行	吉林大学出版社	
社 址	长春市人民大街4059号	
邮政编码	130021	
发行电话	0431-89580028/29/21	
网 址	http：//www.jlup.com.cn	
电子邮箱	jdcbs@jlu.edu.cn	
印 刷	天津中印联印务有限公司	
开 本	710mm×1000mm 1/16	
印 张	13	
字 数	200千字	
版 次	2022年1月 第1版	
印 次	2022年1月 第1次	
书 号	ISBN 978-7-5692-9619-8	
定 价	56.00元	

摘　要

　　在区域经济一体化迅速发展的背景下，为积极促进我国经济转型，解决国内的经济问题，我国顺应时势地提出了"一带一路"倡议。作为国家级顶层发展倡议，"一带一路"倡议倡导互利共赢，旨在促进我国与"一带一路"沿线国家的深度合作与发展。随着区块链、大数据、云科技等技术的运用，"一带一路"倡议为中国的产业供应链融资和对外贸易带来了巨大的机遇。因此，研究中国对"一带一路"沿线国家的出口贸易情况和出口影响因素具有较强的现实意义。

　　本书在对"一带一路"倡议、我国对外出口潜力和影响因素的相关理论研究的基础上，通过构建贸易引力模型和GTAP模型进行了实证研究，分别分析了我国对"一带一路"沿线国家的出口潜力和"一带一路"建设对我国的经济影响。最后，本书在理论研究和实证研究的基础上提出了相关政策建议。

　　本书第一章从国际和国内经济形势出发，分析了我国提出"一带一路"倡议的背景，同时从总体规划、国际规划和国内规划三个方面介绍了"一带一路"倡议，然后对本书的研究意义、创新点和不足之处进行了阐述。

　　本书第二章对现有的关于"一带一路"倡议的文献进行了梳理，在文献梳理的基础上在第三章分析了我国与"一带一路"沿线国家的出口贸易现状。在文献综述部分，包括"一带一路"倡议、我国与"一带一路"沿线国家的出口潜力、我国与"一带一路"沿线国家的出口影响因素三个方面。在现状分析部分，本书从"一带一路"沿线国家范围与概况、中国对"一带一路"沿线国家出口总量现状、中国对"一带一路"沿线国家出口商品结构聚类分析、中国对"一带一路"沿线国家出口的省级分析这四个方面对我国与"一带一路"沿线国家的出口贸易现状进行了分析。文献综述和现状分析为本书的实证研究奠定了理论基础和现实依据。

本书在第四章和第五章进行了实证研究。第四章运用了贸易引力模型对我国对"一带一路"沿线国家的出口潜力进行了研究，本章首先建立了时变随机前沿贸易引力模型，对影响我国对外出口的自然因素进行了研究，进而建立了贸易非效率模型，对影响我国对外出口的人为因素进行了研究，并通过这两个模型对我国 2001—2015 年的出口贸易效率进行了测算，同时以 2015 年为例计算了我国对"一带一路"沿线国家的出口贸易潜力值。本章的实证结论主要有：中国对"一带一路"沿线国家的出口贸易效率水平更多地受到人为因素的影响；2001—2015 年中国对"一带一路"沿线国家的出口贸易效率总体上处于较低的水平，出口贸易潜力仍然很大。本书在第五章运用 GTAP 模型对"一带一路"倡议下由于关税的梯度减免而导致宏观经济和产业的变化情况进行了研究，研究的结论主要有：贸易的自由化会对"一带一路"沿线国家的出口产生正向促进作用；"一带一路"倡议促使中国的社会福利和 GDP 产生显著的增长。

本书的第六章从中国对外出口的体制性成本、金融成本、劳动力成本、能源成本、环境成本、区域政治经济环境六个方面对中国对"一带一路"沿线国家出口的影响因素进行了研究。

最后，在前面章节理论和实证研究的基础上，本书提出了如下建议：缓解经济下行压力，寻找新增长点；坚持对外开放，完善贸易结构；增大投资力度，加强金融合作；提升"硬指标"，完善基础设施建设；拓展"软思路"，加强跨境文化交流；提升政府效能，加强沟通融合。

目　录

第一章　导　论

第二章 我国对"一带一路"沿线国家出口的相关理论述评

第三章 中国同"一带一路"沿线国家的贸易合作概况

第四章　中国对"一带一路"沿线国家出口潜力的实证分析——基于引力模型的验证

第五章　"一带一路"倡议对中国的经济影响分析——基于GTAP模型的预测

第六章　中国对"一带一路"沿线国家出口的影响因素分析

第七章 结论与建议

第一章 导 论

第一节 研究背景和意义

一、研究背景

"一带一路"倡议是我国的顶层发展倡议，对解决我国面临的发展问题、加强与其他国家的交流、促进经济转型有很强的指导意义。我国在日益严峻的国内外形势的背景下提出了"一带一路"倡议。

从国际经济形势来看，"一带一路"的提出是受到区域经济一体化的影响。欧洲经济共同体成立于1958年，这也是世界上第一个区域经济一体化组织，由此也开启了区域经济一体化迅速发展的新时期。亚太经济贸易合作组织、北美自由贸易区等组织均成立于20世纪80年代和90年代，这也在很大程度上带来了区域经济一体化发展的浪潮。许多国家通过加入这样的合作组织，开展进出口贸易、对外投资、文化交流等多方面的合作，对进口贸易的关税水平、进出口政策、投资政策、贸易争端的解决方法等方面进行了协商与谈判，同时对这些问题进行了明确的规定。由此可以看出，区域经济一体化组织对促进成员国之间的贸易发展有很重要的作用。进入21世纪以来，越来越多的国家为寻求贸易同盟而加入了不同的区域贸易组织，截至2016年，世界上共签订了

600多个区域贸易协定（RTA）。想在全球经济的发展中占有一席之地，仅靠自身的力量是不够的，只有与更多的国家合作，才能提升自身的经济实力，提高自己在全球经济竞争中的地位，越来越多的国家意识到了这一点。自从我国在2001年加入了WTO后便积极加强与周边国家的经济贸易合作，不断增强我国在世界经济中的竞争力，提升我国在全球贸易中的地位。自1978年以来，我国对外贸易的水平不断提高，与其他国家的合作范围也不断扩大，但我国与世界上其他国家的合作还有待加强，对外贸易的规模仍有很大的提升空间，同时我国与贸易伙伴国的合作很多时候仍然停留在表面，经济、文化的合作还需要进一步地深入和稳定。自2008年的次贷危机以来，发达国家的经济发展速度逐渐下降，引领全球经济发展的作用在慢慢减弱，而新兴经济体的经济增长速度逐渐加快。"一带一路"沿线国家大多数是欠发达国家或地区，不少国家或地区仍然比较落后，对贸易合作、发展经济具有较强的需求。同时，以美国为首的发达国家之间互相联合起来进行合作，如签订跨太平洋伙伴关系协定，发展中国家面临的竞争局面将更加激烈。因此，为促进我国与众多发展中国家之间的合作，在面临发达国家的激烈竞争的形势下，我国提出了"一带一路"的规划倡议。

从国内的经济形势来看，现阶段我国经济面临众多难题，经济结构亟待转型。我国经济面临的问题主要有：不同地区的经济发展水平差距较大，我国的东西部经济发展严重不平衡，西部经济水平远远落后于东部地区，我国仍然有许多经济落后的贫困地区；产业结构分布不合理，我国第一、二产业的比重远远大于第三产业，相比发达国家，我国的服务业的产值仍然很低，处于较落后的水平；通货膨胀不断加重；产能过剩等。总体来说，我国经济发展面临着一系列问题，急需稳定的新经济增长点实现中国经济的新一轮腾飞。而解决这些问题的一个重要途径就是加强与其他国家的合作，建设共同合作的区域经济组织。这也是我国提出的"一带一路"倡议的背景。"一带一路"倡议在许多方面能有效解决国内发展面临的问题：①在对发达国家的出口方面，我国的优势正在逐渐消失，而"一带一路"沿线国家大多数是发展中国家，这在一定程度上可以扩大我国的对外出口范围，因此这在一定程度上可以解决我国产能过剩的问题；②我国三大产业的分布格局不合理，各产业内部也面临着不同的问题，因此产业结构升级也是我国经济改革的重要方向，优化产业结构并不是只能在国内经济中实现，也可以将国内产业向国外转移，减少国内产业结构升级的成本；③我国倾向于对发达国家进行直接投资，对美元的依赖程度高，同时风险较集中，一旦美国出现经济危机将给我国带来巨大的经济风险，而"一带一路"可以扩大我国对外投资的范围，并在很大程度上减少由此带来的风险。由此可以看到，"一带一路"倡议的提出对我国现阶段经济的发展具有重要的战略意义。

综合来看，在国际经济逐渐走向区域经济一体化的背景下，在国内经济面临巨大的转型压力下，为增强与国外的经济文化交流、解决国内的经济问题，我国提出了"一带一路"倡议。

二、研究意义

随着全球区域经济合作一体化的迅速发展，我国顺应时势地提出了"一带一路"倡议，旨在加强中国与亚欧非各国经济、文化的合作联系。

1. 理论意义

"一带一路"已经成了近年来学者研究的热门领域。"一带一路"倡议在2013年提出，属于较新的发展倡议，因此这方面的研究还不够完善。国内外的文献从宏观角度研究了"一带一路"倡议的背景、内涵和前景；在中国对"一带一路"沿线国家出口的影响因素方面，不同的学者的研究角度也不同，有的学者从贸易便利化的方面进行了研究（张晓静，2015），也有从汇率的角度研究了中国对外出口的影响因素（杨广青，2015），等等。本书从中国对外出口的体制性成本、金融成本、劳动力成本、能源成本、环境成本、区域政治经济环境这六个方面对中国对外出口影响因素进行综合分析，因此在完善中国对"一带一路"沿线国家出口影响因素方面具有一定的理论意义。

2. 现实意义

综合前人研究来看，目前关于我国对"一带一路"沿线国家的出口潜力的研究大多数停留在理论层次，关于出口潜力的实证研究比较有限，进行定量分析的文献较少，由于"一带一路"涉及的国家较多，现有的实证研究一般是针对中国对"一带一路"沿线的某些国家或地区进行研究，如西亚、南亚、中亚等，而将其综合起来进行研究的文献较少。本书在搜集"一带一路"沿线国家的相关数据的基础上，通过建立贸易引力模型，研究了中国对"一带一路"沿线国家的出口贸易效率和贸易潜力；在此之上，本书还构建了 GTAP 模型来研究"一带一路"的建设对我国 GDP 和社会福利的影响。因此，本书在提高我国对外出口贸易水平，加强与其他国家的经济合作、文化交流，促进我国经济结构转型等方面具有较强的现实意义。

第二节 "一带一路"倡议简介

一、"一带一路"倡议的提出与总体规划

"一带一路"的全称是丝绸之路经济带和 21 世纪海上丝绸之路，是习近平主席在 2013 年第一次提出的。2013 年 9 月 7 日，习近平在哈萨克斯坦的纳扎尔巴耶夫大学发表演讲时提出，"为了使各国经济联系更加紧密、相互合作更加深入、发展空间更加广阔，我们可以用创新的合作模式，共同建设'丝绸之路经济带'，以点带面，从线到片，逐步形成区域大合作"。[1]2013 年 10 月 3 日，习近平在印尼国会上发表演说，提出"中国愿同东盟国家加强海上合作，使用好中国政府设立的中国—东盟海上合作基金，发展好海洋合作伙伴关系，

---

[1] 详见新华社报道，http://www.xinhuanet.com.

共同建设 21 世纪'海上丝绸之路'。"至此，丝绸之路经济带和 21 世纪海上丝绸之路第一次完整呈现，并随后逐步形成国家顶层设计，作为一种战略构想推向沿线周边国家。

"一带一路"倡议的整体规划经国家发展改革委等部门长期的改进、补充和调整，于 2016 年 5 月 4 日正式公布，《推动共建丝绸之路经济带和 21 世纪海上丝绸之路的愿景与行动》（以下简称《愿景与行动》）成为指导实现这一倡议构想的具体纲领。根据这一规划，"一带一路"建设的主要思路是促进共同发展，实现区域内共同繁荣，而不是通过签订排他性贸易协定来形成贸易壁垒，对抗成员国之外的经济体；除经济层面的构想外，《愿景与行动》也着眼建立我国与其他国家的政治、文化联系，以开放包容、互利共赢的理念，建设合作共同体。

"一带一路"倡议的实施路径如表 1-1 所示，丝绸之路经济带链接了发达的东亚经济带和欧洲经济圈，分三条路线互联互通，东起中国，途经蒙古和中亚国家，以及俄罗斯等国，最终打通通向西欧的通路；而海上丝绸之路则是沿着中国明代航海家郑和出访中东、东非等国的路线，从中国沿海港口出发，途经印度洋进入欧洲，以及向南进入南太平洋的路线。

表 1-1 "一带一路"倡议的实施路径

路线	起点	沿途重要经济体	终点
丝绸之路经济带	东亚经济圈	中亚、俄罗斯	欧洲
	中国	中亚、西亚	波斯湾、地中海
	中国		东南亚、南亚、印度洋
海上丝绸之路经济带	中国沿海港口	印度洋	欧洲
	中国沿海港口	南海	南太平洋

在联通方式上，如表 1-2 所示，丝绸之路经济带为陆上通道，其主要依托陆上大通道进行连接，并以沿线中心城市为支撑点，以沿线的重点产业园为合作平台，连接起横跨东西的大通路，打造数条国际经济走廊。海上丝绸之路则是海路通道，以沿线重点港口为节点，通过各条航线连接起中国与东南亚、西

亚等经济带。

表 1-2 丝绸之路经济带联通地区

国际经济合作走廊	联通方式	重点线路	起点	沿线中心城市	终点城市
新亚欧大陆桥	铁路	第一亚欧大陆桥和第二亚欧大陆桥	连云港	郑州、西安、兰州、乌鲁木齐、阿拉木图、阿斯塔纳、莫斯科、华沙、柏林、汉堡、阿姆斯特丹	鹿特丹
中蒙俄走廊	陆路	新西伯利亚铁路	华北、京津冀	呼和浩特、乌兰巴托、乌兰乌德、伊尔库茨克、克拉斯诺亚尔斯克、新西伯利亚、欧姆斯克、别米尔	莫斯科
	陆路	第一亚欧大陆桥	大连、长春、哈尔滨	满洲里	赤塔
中国—中亚—西亚	陆路	丝绸之路	新疆	霍尔果斯、阿拉木图、比什凯克、撒马尔罕、德黑兰	伊斯坦布尔
中国—中南半岛	陆路	南广高速、南广铁路	珠三角	南宁、凭祥、河内	新加坡
中巴经济走廊	陆路、油气、光缆	建设中	喀什	红其拉甫、白沙瓦、伊斯兰堡、卡拉奇	瓜达尔港

"一带一路"规划的整体思路并不是重建国际经济合作走廊，或是开发全新的路径，因为不论是中蒙俄、中国—中亚—西亚还是中国—中南半岛经济走廊，都是自古以来就存在的，历史上我国同周边国家经济文化交流都是通过这些经济走廊开展的。因此，"一带一路"规划的目的在于重新开发存量资源，通过经济走廊基础建设带动国内投资和产业升级，通过更加便捷的联通方式促进中国与"一带一路"沿线国家的互联互通，从而促进国内出口发展与消费升级，进而达到通过提升亚欧大陆经济腹地发展水平促进区域经济发展的目的。

二、"一带一路"倡议的国际合作规划

在《愿景与行动》中，政策沟通、设施联通、贸易畅通、资金融通和民心

相通等"五通"被列为"一带一路"国际合作的重点和纲领，如表1-3所示，这五个方面互相联系、互相支持，共同构成了"一带一路"国际合作的整体实施路径和方向。

表1-3 "一带一路"规划的五个领域

合作重点	地位	重点领域	措施
政策沟通	重要保障	政府间合作	构建多层次政府间宏观政策沟通交流机制
设施联通	优先领域	交通基础设施	打通缺失路段、完善交通设施
		能源基础设施	维护油气管线安全、升级区域电网
		通信干线网络建设	完善跨境光缆建设、卫星信息通道
贸易畅通	重点内容	海关合作	提高进出口效率、提升贸易自由化程度
		贸易结构	挖掘贸易增长点、大力发展现代服务贸易
		跨国投资	拓宽投资领域，支持农林渔牧、矿产等领域的投资
		新兴产业	促进沿线国家在战略新兴产业中的合作
		产业链	优化产业结构，推动上下游产业链和关联产业协同发展
资金融通	重要支撑	金融合作	推进亚洲货币体系建设、推动债券市场开放和发展、推动亚投行发展
		金融监管	共同建立风险应对和监管体系
民心相通	社会根基	教育领域	扩大留学生规模、开展合作办学
		旅游业	扩大旅游规模，发展旅游经济
		卫生医疗	周边国家传染病疫情信息沟通建设
		科技	共建联合实验室（研究中心）、国际技术转移中心、海上合作中心
		就业	推动沿线国家在青年就业问题上的合作

数据来源：根据《愿景与行动》制成。

1. 政策沟通

"一带一路"倡议是在当前世界经济环境复苏乏力的大环境下提出的一种合作倡议，因此在政策沟通方面，"一带一路"倡议是提倡各国政府间建立良好互信的关系，构建政府间宏观政策互通机制，从而对区域经济发展宏观方向和具体问题达成合作共识，有效减少谈判成本，充分交流对接有利于区域宏观经济发展的政策和战略，因此政策互通也成为"一带一路"倡议国际合作能够开展的重要保障和前提条件。

2. 设施联通

"一带一路"横跨整个亚欧大陆，而亚欧大陆地形复杂，青藏高原、昆仑山脉阻隔了大陆腹地的交流与沟通，因此交通基础设施、通信基础设施的建设关系到贸易能否畅通进行，而电网、油气管道的建设又决定了开展贸易的能源基础。"一带一路"的国际合作首先需要各国政府之间达成广泛共识，对缺失路段和瓶颈路段优先投入，保障交通通畅；其次，"一带一路"沿线国家众多，每个国家的运输标准各有差异，这给跨国货物运输带来诸多不便，因此国际设施联通合作的另一方面即是制定国际通用的、便利的运输标准，确保运输便利最大化，有效衔接通关、换装、联运等多个环节，形成便利的国际运输条件；最后，在国际通信基础设施领域，国际合作的重点是共同推进跨境光缆、跨境电话线路等通信干线网络的建设。

3. 贸易畅通

加强贸易合作便利程度和畅通度是"一带一路"建设的主要目的，而目前中国与很多国家间贸易、投资条件并非最优，仍然存在较多的壁垒和障碍。因此减少或消除贸易壁垒和障碍，打通贸易通路，是"一带一路"国际合作中最为重点的内容。与此同时，我国国内面临的产业结构调整压力、产能过剩压力也需要通过优化出口结构来化解。"一带一路"的国际合作可以整合区域内经济体，释放合作潜力，通过转移落后产能等合作形式，在合作的同时实现共赢。"一带一路"沿线国家中，很多国家的产业结构是农业和能源产业主导的，这为我国开展跨国农业投资、能源产业投资和矿产投资提供了目的地，引导我国目前较为过剩的"热钱"到沿线国家去投资，既可以降低国内金融系统的风险，又可以促进当地技术的进步和产业升级，促进当地就业，带动沿线国家经济发展。我国目前正在大力发展的战略新兴产业，也需要与"一带一路"沿线国家进行合作与交流，引进或学习沿线国家的先进技术，在一些领域进行深入合作。

4.资金融通

第一，"一带一路"倡议需要在交通基础设施、通信基础设施等领域进行大量投资，这些资金仅靠中国一国之力是难以为继的，因此需要区域内形成资金相对自由流通的状态，从而募集共同基金投入"一带一路"建设。

第二，"一带一路"的国际合作最重要的是贸易合作，而国际贸易的稳定发展离不开稳定的汇兑体系。保证区域内资金融通，稳定亚洲金融系统稳定，建设投融体系和信贷体系，有利于打造良好的国际贸易环境。

第三，在目前全球金融系统结构性风险扩大的背景下，加强沿线国家间的金融系统合作有利于建立一个风险抵御能力相对较强的经济区域，沿线国家通过建立健全金融系统联动机制，将可以有效预警和应对全球性经济风险，提升区域内国家经济稳定程度。目前，我国主导的亚洲基础设施建设投资银行、金砖国家开发银行等国际间金融机构正在发挥作用或筹建中，通过银团贷款等形式，促进"一带一路"沿线国家在金融领域的合作。

5.民心相通

广泛开展"一带一路"沿线国家的民间合作，推动文化艺术、教育、科学、卫生等领域的交流与合作，使"一带一路"倡议深入人心，为合作的开展奠定民心基础。

三、"一带一路"倡议的国内规划与实施

在积极开展"一带一路"倡议的国际交流合作的同时，国内各地区、各省市也在统筹规划，承接好国际交流与合作。根据"一带一路"倡议的实施路径，将全国划分为西北、东北地区，西南地区，东部沿海和港澳台地区以及内陆地区四个部分，在全面分析区域经济资源优势和区位条件后，规划设计了不同地区、不同省市的重点任务和建设方向（如表1-4所示）。

表1-4 "一带一路"倡议的国内规划与实施

地区		建设方向	定位与目标
西北、东北地区	新疆	发挥区位优势,深化与中亚、南亚、西亚等国家的交流合作	丝绸之路经济带核心区
西北、东北地区	陕西	发挥综合经济文化优势	打造西安内陆型改革开放新高地
	甘肃		加快兰州、西宁开放
	宁夏	发挥民族人文优势	商贸物流枢纽、重要产业和人文交流基地
	青海		
	内蒙古	发挥联通蒙俄的区位优势	
	黑龙江吉林辽宁	完善黑龙江对俄铁路通道和区域铁路网,完善东三省与俄海陆联运,构建北京—莫斯科欧亚高速运输走廊	向北开放重要窗口
西南地区	广西	发展北部湾经济区和珠江—西江经济带	西南、中南地区开放发展新的战略支点,21世纪海上丝绸之路与丝绸之路经济带有机衔接的重要门户
	云南	推进与周边国家的国际运输通道建设	大湄公河次区域经济合作新高地
	西藏	与尼泊尔等国边境贸易、旅游文化合作	
沿海地区和港澳台地区	长三角	推进中国(上海)自由贸易试验区建设	上海国际金融港、国际枢纽机场
	珠三角	发挥开放合作区作用,加强与港澳台合作	粤港澳大湾区
	海峡西岸	建设海峡蓝色经济试验区和舟山群岛新区	21世纪海上丝绸之路核心区
	环渤海经济区	加强沿海城市港口建设	海洋经济发展示范区
内陆地区	长江中游城市群	推动区域互动合作和产业集聚发展,推动长江中上游地区和俄罗斯伏尔加河沿岸联邦区的合作	武汉、南昌、长沙、合肥内陆开放型经济高地
	成渝城市群		西部开发开放重要支撑
	中原城市群		郑州内陆开放型经济高地,建设航空港、国际陆港

数据来源:根据《愿景与行动》制成。

我国西北、东北地区是丝绸之路经济带北线的途经之地。东起符拉迪沃斯托克，西至鹿特丹的亚欧第一大陆桥由绥芬河进入中国领土，沿途经过的中国城市有哈尔滨、齐齐哈尔、昂昂溪、扎兰屯、海拉尔和满洲里等。亚欧大陆桥自 1971 年建成以来便承担着联通太平洋和欧洲的作用，三分之一日本出口欧洲的杂货和五分之一欧洲出口亚洲的杂货由其负责运输，贸易战略地位十分重要。我国正在积极发展东北老工业基地，而"一带一路"倡议与此不谋而合，也是拉动该地区市场需求的有效路径。因此东北地区在"一带一路"倡议的国内规划中承担着向北开放的窗口作用，通过完善与俄罗斯铁路公路路网的对接，形成便捷的交通网络，并且与渤海湾、东海的港口形成联运，为设施联通奠定了基础。

新疆在我国"一带一路"倡议中承担着重要的作用。新疆是古代路上丝绸之路的必经之地，历史上与中亚国家和西亚国家联系密切，因此在丝绸之路经济带的规划中的定位是向西开放的重要窗口和重要交通枢纽。在与"一带一路"沿线国家进行商贸互动和能源进口时，新疆往往是第一站，负责将西亚、中亚进口的油气资源集中转发至全国各地。因此交通基础设施和油气管道等基础设施的建设也将为新疆带来就业机会和内部需求，从而有效地带动当地经济的发展。

甘肃、陕西、青海等省份和宁夏回族自治区则在"一带一路"倡议中承担着重要的通道作用。甘肃、陕西省的经济结构较为合理，综合经济优势较为突出，而西安市则是西北地区经济基础最为雄厚的城市之一，因此甘肃、陕西在丝绸之路经济带中的规划是努力推动西安发展成内陆型改革开放高地；青海省、宁夏回族自治区的民族文化优势突出，因此规划是打通面向中亚国家的物流通道和商贸物流枢纽，成为"一带一路"沿线的重要产业基地和人才基地。

西南地区在"一带一路"倡议中有着重要的地位。广西壮族自治区作为西南唯一的沿海地区，与东盟国家陆海相邻，战略地位不言而喻。广西壮族自治区与越南路上接壤，海路运输便利，北部湾港"一港"和防城港域、钦州港域、北海港域等"三域"组成了便利的海上交通网络，与东南亚国家、南亚、西亚和中东地区贸易往来频繁。因此，广西在"一带一路"整体规划中的定位是面向东南亚地区的国际通道，也是带动湖南、江西、安徽等中部省份开发开放的战略支点，是这些内陆省份与外界联系的窗口。因此，广西壮族自治区的重要地位是加快北部湾区域建设，打通珠江—西江经济带的通路。

云南与缅甸、老挝、越南路上接壤，边境线长达 1 941 千米，边境小额贸易频繁，人民币正在逐渐成为区域通用的国际货币。云南在"一带一路"倡议的国内规划中，具有向西南连接东盟国家的重要作用，曼昆公路、驼峰航线等国际通路是中国最早一批的国际通道，其历史地位和现实意义突出。因此，云南承担着辐射东南亚的重要战略作用，是湄公河—澜沧江区域经济合作的重要高地。

内陆地区经济腹地广阔，在产业和人才方面具有较强的竞争力，成渝城市群、长江城市带、呼包鄂榆城市群等城市集群人口密集、具有一定的工业基础，是"一带一路"倡议的重要人才基地和工业基地。内陆地区在"一带一路"的规划中，主要任务是完善交通基础设施，建设国际航空港等区域或国际交通枢纽，打通内陆连接外国的铁路运输网络，将"中欧班列"打造成品牌，提高出口商品的竞争力。同时，内陆城市应增强与内陆口岸、港口城市的交流与合作。

第三节　研究方法与结构

一、研究思路和方法

本书对中国与"一带一路"沿线国家的出口潜力和影响因素进行了研究。本书总共可以分为四个部分，研究思路主要如下。

首先，梳理和研究了"一带一路"的相关文献，包括国内外学者对"一带一路"倡议的内涵和前景的研究，中国对"一带一路"沿线国家的出口潜力和影响因素的相关文献。

其次，研究了我国与"一带一路"沿线国家出口现状，并分析了我国对"一带一路"沿线国家出口的影响因素。这部分的内容为本书的实证分析提供了现实依据。

实证研究是本书的另一大重要内容。我们以"一带一路"沿线的 65 个国家为研究对象，建立了时变随机前沿贸易引力模型和贸易非效率模型分别研究了自然因素和人为因素对我国对外出口的影响作用，并分别测算了我国的出口潜力。我们还建立了 GTAP 模型，分析"一带一路"的建设对我国 GDP、社会福利、贸易条件、双边贸易、产出的影响，由此探索了"一带一路"倡议的推进思路。

最后，根据理论与实证分析的结论提出了相应的政策建议。

本书的研究框架具体如图 1-1 所示。

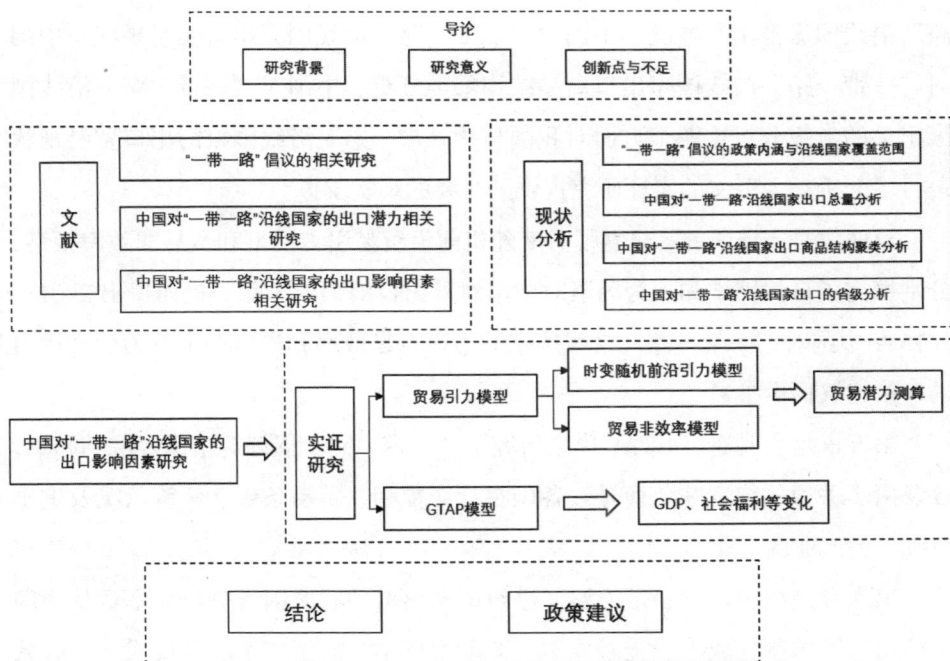

图 1-1　研究框架

二、研究结构

我们从理论和实证两方面对中国与"一带一路"沿线国家的出口潜力和影响因素进行了研究，将全书分为七个部分，每章的内容安排如下。

第一章是导论，首先从国际经济形势与国内经济形势分析了中国提出"一带一路"倡议的背景，并对"一带一路"倡议进行了阐述，进而对本书的研究意义和创新点与需要继续研究的问题进行了分析。

第二章是对中国与"一带一路"沿线国家出口的相关文献的综述，分为三个部分。首先从国外、国内两个方面对"一带一路"倡议的相关文献进行了梳理，然后按照地域的划分对我国与"一带一路"沿线国家的出口潜力的相关文献进行了分析，最后对我国与"一带一路"沿线国家的出口影响因素的文献进行了研究，为后文建立的贸易引力模型和 GTAP 模型奠定了基础。

第三章是我国与"一带一路"沿线国家的出口贸易现状，分别从"一带一路"沿线国家范围与概况、中国对"一带一路"沿线国家出口总量现状、中国对"一带一路"沿线国家出口商品结构聚类分析、中国对"一带一路"沿线国家出口的省级分析这四个方面对我国与"一带一路"沿线国家的出口贸易现状进行了分析，为后文的实证研究提供了必要的现实支撑。

第四章是实证研究，建立了时变随机前沿贸易引力模型和贸易非效率模型，分别探究了自然因素和人为因素对中国对外出口潜力的影响，进而得出 2001—2015 年中国对"一带一路"沿线国家的出口贸易效率和出口潜力，为后文提出的政策建议提供参考。

第五章是主要通过 GTAP 模型研究了"一带一路"倡议对中国经济的影响，以及由于关税的梯度减免而导致各国在社会福利、贸易条件、经济状况及进出口和三大产业的变化。

第六章是中国对"一带一路"沿线国家出口的影响因素分析。本章从中国对外出口的体制性成本、金融成本、劳动力成本、能源成本、环境成本、区域政治经济环境六个方面对影响我国对外出口的因素进行了研究。

第七章是结论与建议。在前文理论研究和实证研究的基础上，本章列出了主要的结论，并为"一带一路"倡议下我国的经济发展提出了相关建议。

第四节　创新之处

我们在"一带一路"倡议的研究基础上，通过构建贸易引力模型与GTAP模型对中国对"一带一路"沿线国家的出口进行了实证研究，在研究方法上具有一定的创新性，主要有以下几个方面。

第一，实证研究方法的创新。全书运用了贸易引力模型和GTAP模型相结合的方法进行研究。在现有的文献中，大多数文献只采用其中的一种模型进行实证分析，而鲜有文献将贸易引力模型和GTAP模型结合起来进行实证研究。本书将这两个模型结合起来，分别研究了中国对"一带一路"沿线国家的出口潜力和经济影响，使得本书的实证研究更全面和完善。在引力模型部分，采用了时变随机前沿贸易引力模型和贸易非效率模型相结合的方法，分别研究了影响我国对"一带一路"沿线国家的出口潜力的自然因素和人为因素。相比传统引力模型，时变随机前沿贸易引力模型在干扰项处理方面有了较大的改进；同时采用了贸易非效率模型探究了人为因素对中国对"一带一路"沿线国家的出口潜力的影响；本书同时采用这两个模型对中国对外出口潜力进行了测算，并把这两个结果进行了对比分析，由此研究了自然因素和人为因素对中国对外出口潜力的影响作用，使结果更具有说服力。

第二，在现状分析部分，本书运用了显性比较优势指数、敏感性行业识别及K–中心点聚类算法研究分析中国与"一带一路"沿线国家出口贸易发展趋势、出口行业结构现状，并且对贸易双边各国的敏感性部门加以分析，通过聚类分析的方法具体分析了我国不同商品对"一带一路"沿线国家的出口情况，同时得出我国不同商品对不同地区的出口优势的具体情况。

第三，在GTAP模型的结果中发现，中国通过与"一带一路"沿线地区降低关税和技术性贸易壁垒使得中国在国内生产总值、社会福利、贸易条件、进出口贸易额方面都有所上升或改善；在产业产出方面，中国在具有比较优势的畜牧业和肉制品、纺织及制衣业、轻工业、公共事业与建设和其他服务业领域生产增加，而在具有比较劣势的谷物和作物、自然资源、加工食品、重工业和交通与通信领域生产降低；在 GTAP 模拟中"一带一路"沿线地区 GDP 增长排序依次为东盟、中东欧、南亚、中亚、独联体、西亚，由于中国已经同东盟签署了自贸协定，因此在下一步的自贸区发展战略中可以优先将中东欧、南亚和中亚作为谈判对象，考虑到中亚、南亚与我国陆路相邻，交通运输更为便捷，因此同中亚及南亚地区开展自由贸易谈判具有较强的可行性。

第五节　需要继续研究的问题

关于中国对"一带一路"沿线国家的出口潜力和影响因素的研究方面，本书虽然进行了一定的创新，但仍然具有一定的不足之处。

第一，本书在贸易非效率模型的变量选择方面与影响因素研究部分内容的结合度有待提高。本书在中国对外出口影响因素部分从中国对外出口的体制性成本、金融成本、劳动力成本、能源成本、环境成本、区域政治经济环境六个方面进行了分析，而在贸易引力模型的构建中，本书从自然因素和人为因素这两个方面选取了相应的变量，但是选取的变量中与中国对外出口的劳动力成本、能源成本、环境成本的结合度不够，这也是本书在设定变量方面需要改进的部分。

第二，在时变随机前沿贸易引力模型部分，本书在贸易便利度指标的选取中选择了铁路总里程和航空运输量这两个指标，而这两个指标并不能完全替代各国的贸易便利度，这也是其他指标的数据难以获得造成的结果。因此，本书在这部分的指标选取上有改进的空间。

第二章　我国对"一带一路"沿线国家出口的相关理论述评

第一节　"一带一路"倡议的相关文献综述

"一带一路"即"21 世纪海上丝绸之路"及"丝绸之路经济带"的简称，其主要宗旨是通过古代丝绸之路这一文化历史符号，以及有关国家与我国的多边或双边体制，辅以有效的区域性合作舞台，以和平发展为旗帜，积极发展同沿线国家之间的区域性经济关系，携手铸造一个在政治、经济和文化上相互包容的集利益、命运和责任于一身的共同体。习近平总书记在 2013 年 9 月和 10 月出访中亚和东南亚国家期间，先后提出"一带一路"的发展倡议，虽然其历经的时间不是很长，但是学术界对此的研究热情却十分高涨，并呈现出年年递增的趋势。因此，对"一带一路"倡议的相关理论述评也就具有了充足的必要性，本节将从国外和国内两个方面首先予以评述。

一、国外研究综述

国外专家和学者大多从我国崛起的角度解读"一带一路"倡议的内涵。曾任世界银行副行长的帕拉西奥表示，古代丝绸之路就曾是文明沟通的桥梁，而新丝绸之路的精华则是不冲突不对抗的独立外交政策。[①] 作为开罗大学亚洲研究中心主任的萨利赫则强调，"中国梦"与"一带一路"倡议是交相辉映的。[②] 担任新加坡东亚研究所所长的郑永年表示，丝绸之路既是古代中国文明的重要组成部分，也是当代中国文明在国际舞台展现自信和实现民族复兴的一种渠道，是一种大国崛起的时代精神，他还认为，贸易是丝绸之路的核心，而经济贸易则是中国对外关系的核心。[③] 吴温丁是缅甸资深的媒体人，他认为，中国的领导人提出"一带一路"倡议，具有前瞻性，为解决和平稳定发展提供了一种很好的方式。[④] 意大利著名政治家罗马诺·普罗迪（2015）也认为，新丝绸之路并不是超越现实的构想，它是促进合作的重要工具。

也有部分国外学者质疑"一带一路"倡议的深层的地缘政治动机。作为远东研究所副所长的卢贾宁表示，该倡议准备重新划分欧洲及太平洋的经济版图，是一种遏制美国霸权主义的有效武器，开始试图从根本上改变世界美元架构。蒂耶齐是日本《外交学者》杂志副主编，他的刊文称，该倡议使"珍珠链"在新的名义下继续发展壮大，这毫无疑问会使印度、美国等国家产生新的担忧。

哈萨克斯坦总统战略研究所高级研究员康·瑟拉耶什金（2015）对于"一带一路"的思考较为全面，他认为，"一带一路"构想的出台是多种因素共同作用的结果：第一，我国在世界上所扮演的角色（无论是经济角色还是政治角色）已经发生改变，它已成为世界第二大经济体和主要贸易国；第二，我国的主要战略任务就是持续作为全球主要的贸易大国；第三，我国在成为世界贸易大国后，需要突破世界金融体系的框架；第四，我国应对近年来俄罗斯和美国企图在中亚和亚太地区限制其积极性的举动做出反应；第五，我国必须对日益

---

① "一带一路"研究若干观点要览——对近期国内学术研究、国外研讨会观点的调研报告. 北京日报. 2014年10月20日. http://www.bjd.com.cn/.

② 为亚洲安全和发展撑起一片蓝天. 人民网. 2016年4月30日. http://www.people.com.cn/.

③ "丝绸之路"与中国的"时代精神". 新华网. 2014年6月10日. http://news.xinhuanet.com/world/2014-06/10/c_126599347.htm.

④ 走进和平发展新时代. 新华网. 2014年5月9日. http://news.xinhuanet.com/newmedia/2014-05/09/c_1110615759.htm.

严重的能源短缺和通过海运从中东和非洲获取能源的问题做出反应；第六，对地区和全球安全保障问题关注的上升。

对于"一带一路"倡议的实施，一些国外专家的结论如下：首先，应强调四项交流，即民间交流、青年交流、学者交流和文化交流。比如曾担任吉尔吉斯斯坦文化、信息和旅游部部长的苏尔丹拉耶夫就认为，通过人文交流这座桥梁，丝绸之路国家间的合作就将复兴，反之，如果没有文化交流，将很难进行进一步的经济交流。同时，一些德国专家则表示，提议中国与"一带一路"沿线国家合作编写历史教科书，以加强历史认同感，共同挖掘宝贵的历史文化遗产，还提议借鉴波罗的海国家民间组织的宝贵经验，推动不同城市间的交流，以推动相关政府的合作，通过软实力外交，获得源源不断的内在驱动力，消除硬实力的顾虑；其次，应打造一个便于沟通的综合平台。曾担任希腊教育部部长的季亚曼托普鲁就建议，成立一个类似"丝路文化之都"的项目，每隔一段时间由"一带一路"的沿线国家来组织文化活动，涵盖经济、文化、科技等方面，并进行定期评估，市场化操作，标准化运作，通过这种长期的人文交流体制，淡化"文化输出"的痕迹。目前，欧洲的一些国家（希腊、西班牙等），都展现了主办这类交流活动的浓厚兴趣。

国外学者对"一带一路"的前景表达了不同的看法，有些学者的观点比较乐观，阿依达尔·阿姆列巴耶夫（2015）认为，虽然欧亚经济联盟与丝绸之路经济带之间存在一定差异，但原则上它们之间互不冲突，完全可以互相兼容。A.A.努尔谢伊托夫（2015）也认为，哈萨克斯坦通过总统纳扎尔巴耶夫提出的"光明之路"新经济政策，是"丝绸之路经济带"构想的重要补充和对接。而有些学者对"一带一路"的前景则表达了担忧，乔纳森·霍尔斯拉格（2015）认为，中国在解决不同安全利益的矛盾这个方面，面临着很多的难题，例如繁荣与安全的矛盾、和平崛起与两岸统一的矛盾、前后外交政策指导思想不一致的矛盾等。

综上所述，国外对"一带一路"倡议的研究数量较少，且大多数属于宏观战略性质的评论文章，其中也有不少专家学者从博弈的角度去看待"一带一路"

倡议，对于"一带一路"的前景也是各抒己见，其中不乏悲观的论调。

二、国内研究综述

国内大部分专家和学者强调了"一带一路"倡议的合作性与整体性。冯维江（2014）考察了丝绸之路经济带的国际基础与国内基础。在国际基础方面，认为"一带一路"倡议面临区域外力量的挑战，而区域内力量对这一倡议则较为认同，同时，我国实行"一带一路"倡议和离岸一体化的实践是相互呼应的，其主旨并不是造成冲突和对抗，而是实现互利和双赢；国内基础方面，尽管我国一些省份（区市）积极配合"一带一路"倡议的实施，但由于存在无序竞争的风险以及缺少顶层配套的设计，可能会削弱"一带一路"倡议的规划意义，甚至最终导致"一带一路"倡议无法按时达到最初的效果。尹文渊（2015）针对现有研究有关21世纪海上丝绸之路的内涵、战略意义、建设方略等问题进行梳理，分析现有文献研究方法、研究内容、研究范围等方面的缺失和不足，探讨后续研究的趋势和方向，得出研究以战略性、定性分析为主、研究内容关注范围较窄、缺乏数据支撑等结论。

石建国（2015）围绕研究概况、主要观点评述和未来展望三个方面对"一带一路"进行了研究，特别提出未来的研究应重视宏观、整体研究和顶层设计，强化人文领域研究，尤其是注重对当代人文交流现象和内容的研究，重视和拓展"一带一路"倡议对相关国家关系影响的研究。刘思恩、王树春（2015）围绕背景与缘由、意义、前景和建议四个方面对"一带一路"倡议做了深入而系统地解释，认为"一带一路"倡议的前景较为乐观。

郭朝先（2016）通过测算产业互补指数，得出未来"一带一路"沿线国家与我国具有很大的产能合作空间，还可以通过政府、企业和社会力量三方的努力，促进"一带一路"产能持续健康的发展，同时，提出了建立和完善产能合作体制机制与支持服务体系、实施本土化策略、创新商业运行模式、培养和延揽国际化人才、加强对"一带一路"沿线国家研究等方面的建议。

　　综上所述，国内对"一带一路"的研究数量较多，且每年呈现递增的趋势，对于"一带一路"的研究相对于国外而言也更加深入，因为与国外的文化的差异，国内专家学者大多从合作共赢，互惠互利的角度解释"一带一路"的内涵，大多数对于"一带一路"的前景持乐观的态度。

三、小结

　　通过比较国外与国内对于"一带一路"的研究可以发现，国内外专家对于"一带一路"的视角是有所不同的，要想顺利地推行"一带一路"倡议，就不应盲目乐观自信，而是要着重考虑到国外对于"一带一路"倡议的担忧与疑虑，对这些不同给予充分理解与尊重，求同存异，谋求共同发展。

　　通过对近几年我国对于"一带一路"倡议的研究，还可以发现国内对于"一带一路"的研究大多数集中在理论研究方面，关于"一带一路"的实证研究偏少，目前我国正经历着一股定量分析的浪潮，以应对定量分析不足的问题。为了更深刻具体地理解"一带一路"的研究，接下来分别从我国对"一带一路"沿线国家的出口潜力与影响因素两个方面予以阐述。

第二节　我国与"一带一路"沿线国家出口潜力文献综述

　　"一带一路"沿线的国家共有 65 个，目前国内外学者对中国对"一带一路"沿线国家的出口潜力的研究主要按不同的地区进行研究。本节将分地区梳理我国与这些国家或地区的贸易潜力研究。

一、关于我国对西亚国家出口潜力的研究

在我国对西亚国家的出口方面，赵翊（2014）基于贸易引力模型，通过我国对阿拉伯国家联盟中的 20 个国家 2001—2010 年间的货物贸易出口数据，测算了同各国间的贸易潜力，认为中阿贸易出口潜力巨大，应积极开展对阿贸易出口，做好出口对象市场调研，分市场进行产品改进，充分利用宗教文化禀赋，开展伊斯兰产品贸易，客观分析阿拉伯国家政治局势，趋利避害寻求贸易利益最大化。张双双（2015）选取了 2001—2013 年间的面板数据，对中国与 53 个国家之间出口额进行回归测算，得出人民币汇率的升高与我国对阿拉伯国家的出口负相关，与此同时，我国的 GDP 总量与我国对大部分阿拉伯国家的出口正相关，同时还得出大部分阿拉伯国家都十分依赖从中国进口的商品。

二、关于我国对南亚国家出口潜力的研究

在我国对南亚国家的出口方面，这方面的研究较少，邱娟（2015）利用 2000—2014 年南亚与我国的出口贸易总额建立贸易引力模型，探讨了二者之间的关系以及出口潜力，得出我国对南亚区域国家的总出口潜力发展系数为 0.89，表明整体上存在较大的出口潜力。陈利君（2015）认为在国际经济形势逐渐好转的背景下，南亚地区的政治、经济形势也逐渐稳固，南亚国家的需求将不断扩大，经济发展潜力较大，这对我国来说是一个较好的机会，这也在很大程度上会促进我国对南亚地区的出口贸易状况。伍娅湄（2016）在对我国与南亚国家的进出口贸易现状分析的基础上，发现中国与南亚国家的进出口贸易既存在竞争性，也存在互补性，同时构建了贸易引力模型对我国与南亚国家的出口潜力进行测算，模型结果发现中国对南亚国家的出口贸易潜力较大，出口贸易仍然存在较大的发展空间。

三、关于我国对中亚国家出口潜力的研究

在我国对中亚国家的出口方面,葛飞秀、高志刚(2014)分析了经济贸易自由度对我国对中亚地区的出口潜力的影响,并认为投资自由度越高,出口潜力越大;而货币自由度对出口潜力有一定的阻碍作用。张亚斌、马莉莉(2015)以我国对中亚国家的出口为研究对象,重点研究了经济规模对我国对外出口的影响,研究发现经济规模在很大程度上促进了我国对东亚地区的出口贸易水平,同时我国对中亚地区的出口潜力仍然存在很大的发展空间。谭晶荣(2016)采用1995—2013年的农产品贸易数据,分析了我国与中亚五国主要农产品贸易现状及其结构,并运用贸易引力模型实证研究了我国与中亚五国之间的主要农产品的贸易潜力,结果表明,我国与中亚五国之间的主要农产品的贸易规模随着区域经济合作的深化而愈发扩大,我国对中亚地区出口的农产品种类也纷繁复杂,另一方面,我国从中亚进口的农产品种类却十分稀少,其种类主要集中在了一些原材料(如棉花布匹这一类的纺织类)上。

四、关于我国对中东欧国家出口潜力的研究

在我国对中东欧国家的出口方面,亓蕊(2015)借助于扩展的引力模型,分析了影响中国对欧盟产品出口的因素,通过具体的回归方程,同时使用各解释变量的实际数据,得到理论的出口总量,通过理论的出口总量与实际的出口总量之比,作为测算出口潜力的指标,以该指标的数值来分析中国对欧盟的产品出口潜力,认为无论是从欧盟整体角度还是从欧盟各个成员国的角度来看,中国对欧盟都存在着巨大的出口潜力,当然,也有少数国家存在"出口过度"的情况。车春鹏(2016)基于扩展的贸易引力模型对1997—2014年我国机电产品出口中东欧国家的影响因素与潜力进行分析与测算,结果表明,双方经济规模、地理距离和汇率均对出口流量产生显著影响;技术性贸易壁垒和中东欧国家是否加入欧盟对出口流量有负影响但并显著;出口流量随着双方人均收入

差距的扩大而增加。

五、关于我国对东盟国家出口潜力的研究

在我国对东盟国家的出口方面，丁广伟（2016）利用我国 19 个重要贸易伙伴 2005—2014 年的贸易面板数据构建随机前沿引力模型，对影响我国与蒙古、俄罗斯贸易的因素及其贸易潜力进行了分析，结果表明，我国对蒙古的出口及双边贸易效率较高，效率均值都在 0.94 以上，而中俄间效率则处于较低水平，为挖掘中蒙俄间贸易潜力应采取改善交通基础设施、推进自贸区谈判等措施。黄凌云（2008）应用 GTAP 模型实证模拟东亚地区建立自由贸易区后的经济变化，研究建立东盟自由贸易区后对我国及世界经济的影响，认为东盟各成员国之间具有经济互补性，合作前景广阔，建立自由贸易区将有力地改善东盟地区的社会福利，同时区域成员之间也具有贸易创造效应。周曙东和崔奇峰（2010）研究了我国—东盟自由贸易区成立的影响，认为其将显著改变我国的进出口贸易格局，使贸易流量加大，我国和东盟的贸易结构更加趋同。赵雨霖（2008）结合我国与东盟的实际情况建立引力模型，研究了我国与东盟的农产品粮食贸易，认为人口数量、空间距离和经济总量是影响我国对东盟出口贸易的主要因素。随后王娟（2013）认为可以进一步加大对东盟国家的直接投资，发挥我国巨额外汇储备对东盟国家的直接投资应有的正向促进作用，由此促进我国对东盟国家的出口贸易水平。而陈丽霜（2015）则将东盟区域经济一体化的区内整体贸易效应与国别贸易效应分三个阶段，认为东盟区域经济一体化的第一、第二阶段并没有对区内贸易起促进作用，而第三阶段的区内贸易效应显著，我国应充分抓住第三阶段的贸易效应，提高我国对东盟国家的出口贸易效率。

六、关于我国对其他国家出口潜力的研究

除此之外，还有一些学者论述了我国与多个"一带一路"沿线国家的出口潜力。田刚（2013）运用引力模型分析了影响中俄林木产品的贸易情况，得出国内生产总值、人均森林面积、汇率对中俄林木产品贸易对我国对外出口潜力的影响很重要。廖明中（2015）通过引力模型，估计了 2009—2013 年我国对"一带一路"沿线国家的出口潜力，认为我国对新加坡、马来西亚、泰国等国或地区存在"出口过度"的现象，而对俄罗斯等一些大国则存在"出口不足"的现象。吴沁（2016）通过随机前沿引力模型和贸易障碍分析模型对总量和行业层面面板数据的一步法分析进行贸易潜力实证研究，得出中国与"一带一路"沿线国家的平均贸易效率为 0.49，仍有一半的贸易潜力尚待开发。其中表现较好的是欧盟和西亚，较落后的是南亚及其他独联体国家。陈伟光（2016）基于"一带一路"沿线 38 个国家 2004—2013 年 10 年间的面板数据，运用拓展引力模型就中国对"一带一路"沿线国家的投资潜力和区位选择进行了实证分析，其得到的结论如下：第一，中国对"一带一路"沿线国家的投资受到多方面因素的影响；第二，中国对"一带一路"沿线国家的投资潜力空间巨大；第三，中国对"一带一路"沿线国家的投资区位具有较多的选择余地。基于以上研究结论，本书提出了相关的政策建议。

综上所述，可以看出国内学者们对我国与"一带一路"沿线国家出口潜力的研究比较透彻，研究的地域也十分广泛，"一带一路"沿线的大多数国家或地区与我国的出口潜力还是十分巨大的，双边的贸易量增长迅速但总体贸易量还是与中美、中欧差距明显，这也从侧面印证了"一带一路"倡议的正确性与必要性。

第三节 我国与"一带一路"沿线国家
出口影响因素文献综述

影响我国与"一带一路"沿线国家出口的因素众多，本节将从自然因素、人为因素两个方面对相关文献进行梳理。

一、关于自然因素的研究

在自然因素对我国对"一带一路"沿线国家出口影响的研究方面，主要的自然因素有两国的地理距离、共同语言、两国的 GDP、时间等。梁琦（2016）基于 2005—2013 年"一带一路"沿线 39 个国家的面板数据，利用拓展的贸易引力模型进行了实证检验，认为"一带一路"沿线国家间的贸易活动存在显著的母国市场效应，且表现出了动态特征，同质产品和差异产品的母国市场效应强度存在明显差距，地理距离与贸易壁垒增加了我国的出口成本，这也是影响双边贸易的重要因素，且非关税贸易壁垒对贸易的阻碍作用已经超过了传统的关税壁垒。周念利（2010）研究了我国双边服务的贸易潜力和影响因素，并估算了我国贸易伙伴的非关税壁垒，认为两国的 GDP、空间距离和共同语言是我国双边服务的主要影响因素。孙金彦（2016）利用时不变和时变衰减随机前沿引力模型分别估计了我国与"一带一路"沿线 53 个国家的出口贸易效率与总贸易效率，分析了影响我国出口贸易效率和总贸易效率的主要因素，得到我国与"一带一路"沿线国家的出口贸易效率和总贸易效率均呈随时间递增的变化趋势，我国对"一带一路"沿线国家具有较大的出口贸易潜力。龚静（2016）利用 29 个省市 1998—2013 年的面板数据，通过构建异质性随机前沿模型分析了铁路建设对各省市贸易非效率部分的影响，进而测算出其相应的出口贸易效率，强调铁路运输时间节省及运输距离减少均能够有效提高出口贸易效率，且铁路里程的缩短还具有稳定出口贸易效率波动的作用。

除此之外，还有一些学者认为影响我国与"一带一路"沿线国家出口的因素是多方面的。例如蒋琼琼（2016）通过改进的引力模型，对影响我国与"一带一路"沿线国家出口的因素进行了研究，通过对我国经济实力、总人口、地理远近、贸易开放程度、国家规模化程度、是否陆地接壤和区域性组织等因素的分析后，得出除人口规模和国家接壤情况外，其余变量均对出口水平存在着或大或小的影响。付韶军（2016）通过基于面板数据随机前沿引力模型，对影响我国与"一带一路"沿线国家出口的因素进行了计量研究，认为我国经济实力、人口数量、对外投资量、我国从各国进口是否签订自由贸易协定、国家接壤情况等指标与我国出口正相关，而距离与我国出口负相关。李浩学（2016）通过随机前沿引力模型，探讨了2005—2014年中国与30个沿线国家农产品贸易潜力及其影响因素，人均出口总量、人均GDP都与农产品贸易潜力呈显著正向相关，而地理距离与农产品贸易潜力呈显著负向相关；自贸协定、航运条件及运输设备是农产品贸易发展的有利因素，而关税程度、结关时间和投资开放度则是农产品贸易发展的阻碍因素。谢孟军（2016）通过搜集整理"一带一路"沿线国家的统计数据，使用双差分估计方法实证研究了文化输出和商品输出之间的内在联系，认为文化输出是引致商品输出的重要因素，孔子学院促进了我国向"一带一路"沿线国家的出口，文化输出的出口增长效应具有区域差异性、滞后性及波动性等特征。

二、关于人为因素的研究

在人为因素对我国对"一带一路"沿线国家出口影响的研究方面，主要有贸易便利度、汇率等方面。从贸易便利度来看，张晓静（2015）从区分不同区域的贸易便利化措施入手，采用"一带一路"沿线45个国家2008—2013年的样本数据，利用扩展的贸易引力模型，识别出不同区域的不同贸易便利化措施对我国出口影响的异质性，得出"一带一路"沿线国家的贸易便利化水平对我国的出口贸易影响显著的结论，尤其是后危机时代，贸易便利化程度对国际贸易流量的影响程度远大于关税减免的影响。随后，夏春光（2016）基于电子商务程度、环境制度因素、基础设施水平、商品流通效率等指数对贸易便利化程度进行定量分析，通过衍生的贸易引力模型实证分析了 2014 年"一带一路"区域内的 62 个国家的横截面数据，也认为我国贸易的出口流量与贸易相对国的边境贸易便利化程度显著正相关，同时得到的结论还有，发展中国家距离赶上发达国家之间的贸易便利化水平，确实还需要很长的一段时间。李晨（2016）选取 2014 年 GDP 总量超过 500 亿美元的 31 个"一带一路"沿线国家作为研究对象，采用主成分分析衡量和测算 31 个国家的贸易便利化水平，并运用贸易引力模型实证研究贸易便利化影响因素对沿线国家进出口贸易的影响，贸易便利化水平对我国与"一带一路"沿线国家进出口贸易有正向影响，贸易便利化水平有助于我国与"一带一路"沿线国家的贸易发展；通过提高口岸效率及改善海关环境，进而提升贸易便利化水平，将有利于我国与沿线国家进出口贸易额的增加。

从汇率对我国对"一带一路"沿线国家出口的影响方面来看，杨广青（2015）研究了人民币汇率水平及波动变化对我国向"一带一路"沿线国家和地区出口贸易的影响及汇改前后的差异，同时分析了自贸区的成立对我国出口贸易的影响，结果显示，人民币升值及波动增加均会对我国出口贸易产生不利影响，但人民币汇率波动的影响远小于升值的影响，我国同其他国家成立自贸区有利于降低汇率变动对出口的不利影响，汇改前后，汇率变动对我国出口贸易的影响存在差异，"一带一路"沿线国家和地区收入水平的提高是拉动我国出口的重要动力。曹伟（2016）将邻国效应引入汇率与贸易关系理论框架，运用空间面板模型，以"一带一路"国家为研究对象，采用 OLS、相依回归以及面板数据两个阶段的工具变量法等估计方法和灵敏度分析法，研究了汇率变动、邻国效应对中国与"一带一路"沿线国家双边贸易的影响，其得到的结论如下。第一，整体而言，当期人民币升值反而使中国自"一带一路"沿线国家的进口贸易减少，但滞后一期升值导致进口增加；当期和滞后一期的人民币贬值均有利于我国的出口贸易。第二，汇率变动对双边贸易的影响普遍小于邻国效应的影响；各国之间的邻国效应大小存在较为明显的差异，但无论是中国自"一带一路"沿线国家的进口贸易还是对"一带一路"沿线国家的出口贸易，邻国效应普遍表现为"竞争抑制"关系。第三，人民币贬值 10% 对中国与"一带一路"沿线国家的净出口效应仅为 0.4%，即贬值将改善中国对这些国家的贸易收支，但影响极为有限。

综上所述，可以看出国内学者们对我国与"一带一路"沿线国家出口影响因素的分析是多方面的，但是，学术界对影响我国与"一带一路"沿线国家出口贸易的决定或者影响因素尚未达成一致，学业界并没有一个权威的答案，尚处于百家争鸣的状态。其中，有不少学者突出了贸易便利化的重要性，看来对我国贸易基础设施的建设迫在眉睫。同时，还应该从产能、金融、贸易、文化、生态、安全等多方面贯彻落实好"一带一路"倡议的发展，提高国家软实力。

第三章　中国同"一带一路"沿线国家的贸易合作概况

第一节　"一带一路"沿线国家范围与概况

"一带一路"源于丝绸之路，其主旨是发展两条对外贸易通道，其中"一带"指的是一条是沿着中国古丝绸之路从陆路展开的经济带，"一路"指的是沿着古代我国海上贸易的水路展开的贸易之路。提出"一带一路"倡议是基于我国国内经济增长内需不足、产能过剩的大背景。改革开放以来中国经济在出口、投资和消费这三驾马车驱动下稳步发展，而今已经到达疲软期，后续动力严重不足让经济增长遭遇瓶颈。首先是出口，中国"世界工厂"的地位不再，人口红利消失、劳动力成本的剧增、大量劳动密集型外贸企业迁往东南亚等问题给中国出口型制造业带来严重的影响，其竞争力大不如前；其次是投资，由于多年的贸易顺差导致外汇储备过于庞大，与此同时，投资渠道的稀缺问题如同雪上加霜，直接导致资本闲置率过高、外汇风险增大；最后是消费，虽然国内需求一直在稳步增长，但是有效需求不足的问题日益彰显，普通家庭的消费能力远远不足以解决庞大的外汇储备问题和过剩的产能问题。所以为了使当前经济走出瓶颈期，必须加快走出去的步伐，寻求良好的对外投资通道。"一带一路"倡议就是在这样的背景下萌生的新思路。一边沿着古丝绸之路走陆路打通一条从中亚通往欧洲的贸易通道，另一边沿着海上丝绸之路走水路打通一条从东南亚到中东的贸易通道，两条路一南一北一陆一水一起走，最终实现去产能、平衡外汇、发展经济、形成利益共同体的最终目标。"一带一路"倡议秉承互利共赢的理念，谋求共同发展、共同繁荣的目标，是顺应当今世界和平与发展的主题，也是世界格局经济全球化、文明多样化、区域一体化的必要助推器。

与其认为"一带一路"是双多边贸易合作协议或机制，不如将其理解为是沿线各国秉持合作共赢、互惠互利的理念携手发展的宏大愿景。自"一带一路"倡议提出后，我国并没有明确规定沿线国家的具体范围界限，而是以共同发展、共同繁荣的态度欢迎世界各国加入"一带一路"这一利益共同体、命运共同体和责任共同体。陆上丝绸之路经济带分为三线，由中国经中亚和俄罗斯至欧洲波罗的海、中国经中亚和西亚至欧洲地中海、中国经东南亚和南亚至印度洋。21 世纪海上丝绸之路则划分为两线，由中国沿海港口穿越南海及马六甲海峡至印度洋和欧洲、中国沿海港口过南海至南太平洋的东南亚区域。目前，主流学者观点认为"3+2"的模式覆盖除中国外的 65 个沿线国家。根据世界银行数据显示，"一带一路"沿线国家的国土面积达 5 161.91 万平方千米，占世界总国土面积的 25%。"一带一路"沿线国家国土面积达 100 万平方千米的有 9 个，其国土总面积达 4 104.47 万平方千米，占"一带一路"沿线国家国土面积的79.5%，这些国土面积的大国例如俄罗斯、哈萨克斯坦、沙特阿拉伯等具有丰富的资源储备，将会是未来我国战略资源开发与能源技术合作的重要伙伴；"一带一路"沿线国家中国土面积不足 2 万平方千米的国家达 9 个，其中最小的马尔达夫其国土面积仅 300 平方千米。但是国土面积较小的马尔代夫、新加坡、巴林等国却具备优越的旅游资源，借助旅游产业的依托其经济也正高速发展。

"一带一路"倡议不仅覆盖区域广泛，同时覆盖人口众多。"一带一路"沿线国家覆盖人口达 45.2 亿，约占世界人口总数的 62.3%。其中如图 3-1 所示，人口总数超过 1 亿的国家有 7 个，此 7 个国家的人口总数占"一带一路"沿线国家人口总数的 77.5%。人口较多的国家主要集中在东亚与东南亚地区，此类地区具有较低的人力资源成本，其出口产业中以劳动密集型为主导。如图 3-2 所示，"一带一路"沿线国家中人口总数低于 200 万的国家有 8 个，其中马尔代夫人口仅 40 万左右。根据世界银行数据统计，如图 3-3 所示，2015 年世界平均人口增长率为 1.18%，而"一带一路"沿线 65 个国家平均人口增长率为 1.08%，略低于世界平均水平。其中北非地区平均人口增长率位于"一带一路"沿线地区的首位，西亚和中亚地区的平均人口增长率均高于 1.5%，而中东欧地区平均人口增长率为负数。同时如图 3-4 所示，"一带一路"沿线国家中 15~64 岁劳动年龄段人口占比高于世界平均水平的有 46 个国家之多，其中东北亚劳动年段人口占总人口的 70%，位居第一，南亚和北非地区劳动年段人口占比则相对偏低，总体而言"一带一路"沿线国家人口老龄化水平较低，整体区域中具有较为充沛的劳动力供给。

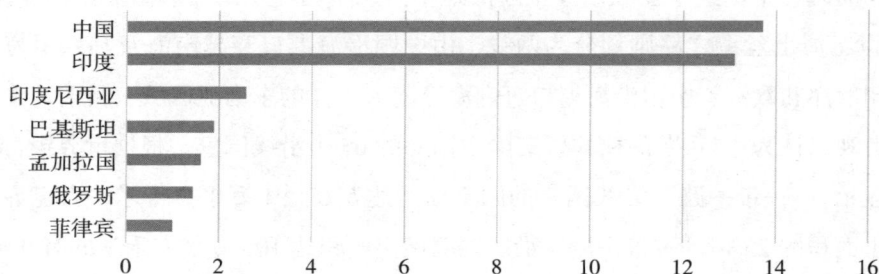

图 3-1 2015 年"一带一路"沿线人口过亿国家（单位：亿人）

数据来源：世界银行。

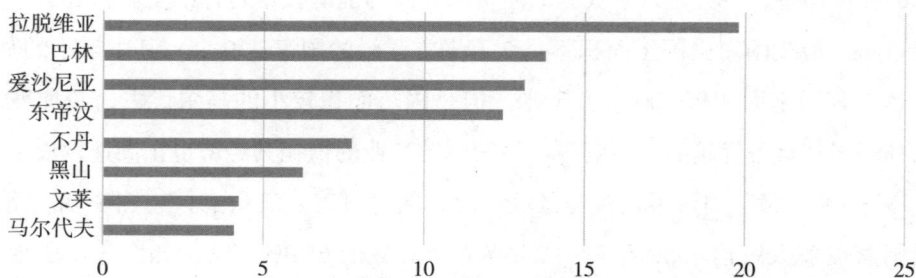

图 3-2 2015 年"一带一路"沿线人口不足 200 万的国家（单位：十万人）

数据来源：世界银行。

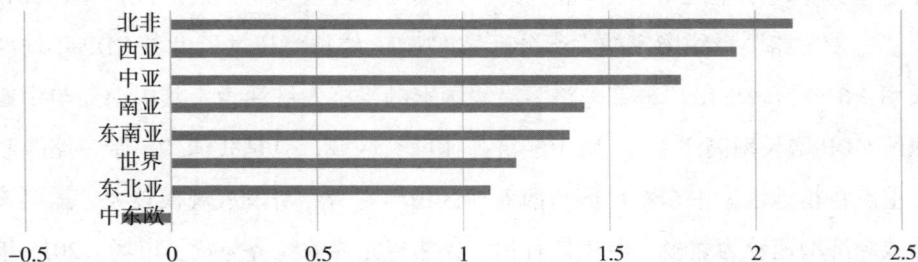

图 3-3　2015 年"一带一路"沿线地区人口增长率（%）

数据来源：世界银行。

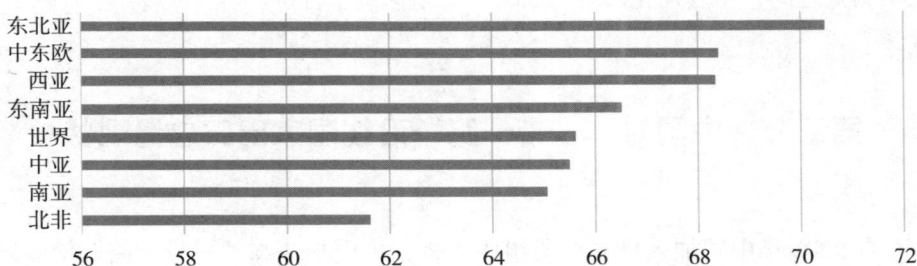

图 3-4　2015 年"一带一路"沿线地区劳动力人口占比（%）

数据来源：世界银行。

　　"一带一路"沿线国家较多为发展中国家，其具有较大的经济发展潜力，但是从目前来看，沿线各国经济发展状况参差不齐。就 GDP 总量而言，2015年，"一带一路"沿线所覆盖国家 GDP 总量为 22.41 万亿美元，占当年世界 GDP 总量的 30%。GDP 总量排名前十的"一带一路"沿线国家中，中国以 11 万亿美元的 GDP 总量位于首位，其次是印度的 2.10 万亿美元和俄罗斯的 1.33 万亿美元，其余国家的 GDP 总量均低于万亿美元。从人均 GDP 角度发现，"一带一路"沿线国家人均 GDP 差距较大。在 2015 年"一带一路"沿线人均 GDP 排名前十的国家中，西亚国家占据半壁江山。凭借丰富的石油储备，卡塔尔人均 GDP 高达 73 653.4 万美元位居首位，同时西亚的阿联酋、以色列、科威特、巴林、沙特阿拉伯其人均 GDP 水平均在 2 万美元之上。"一带一路"沿线人均 GDP 较低的区域是东北亚、中亚、北非、南亚，这些区域的人均 GDP 水平均位于世界平均水平之下。"一带一路"沿线国家较多为新兴发展经济体，2015年"一带一路"沿线国家的大部分区域的 GDP 增长率超过了世界 GDP 年均增长率 2.63%，表现出"一带一路"沿线国家的经济发展活力，其中南亚与中亚地区 GDP 增长率高于 5%，属于经济高速增长区域，也是我国"一带一路"政策重点耕植地区。中东欧地区与西亚地区由于本身经济发展规模较大，虽然该区域经济增速较为缓慢，但是具有相对成熟与完善的经济与贸易市场。2015年"一带一路"沿线国家 GDP 增长率排名前十位的国家都是发展中国家，其中有五个国家的 GDP 增长率超过 7.00%，另外五个国家的 GDP 增长率位于 6.49%和 7.00% 之间，乌兹别克斯坦以 8.00% 的增速位于首位。

第二节　中国对"一带一路"沿线国家出口总量现状

自 2001 年中国加入世界贸易组织以来，中国加快与"一带一路"沿线国家的经济贸易往来。目前中国经济进入结构性改革的攻坚期与阵痛期，经济产业结构所存在的不合理现象亟待解决。与"一带一路"沿线国家密切的经贸往来能有利促进我国产能过剩行业向中西部地区和国外转移，加快改善我国目前的主体产业结构。同时"一带一路"沿线国家较多为新兴市场国家，对跨境贸易与投资具有较大的需求，因此加入以中国为主体构建的区域双多边贸易合作框架体系中，对其自身发展而言至关重要。

2001 年中国对外出口总额达 2 660.73 亿美元，对"一带一路"沿线国家出口总额为 359.15 亿元人民币，其中对"一带一路"沿线国家出口总额占全部出口总额的 13.50%。至 2016 年，中国出口总额跃升至 2 0981.54 亿美元，较 2001 年上涨 7.89 倍，同期中国对"一带一路"沿线国家出口总额达 5 446.29 美元，较 2001 年上涨 15.16 倍，占中国出口总额的 25.96%。由此可以看出，中国正逐步重视在"一带一路"沿线国家的新兴市场中寻求发展机遇，加大我国商品对"一带一路"沿线国家的出口力度，使得中国与"一带一路"沿线国家的联系更为紧密。

图3-5为中国对"一带一路"沿线所覆盖区域的出口分布走势,2016年中国对东南亚地区出口总量达2 559.88亿美元,占我国对"一带一路"沿线出口总额的47%,居"一带一路"沿线所覆盖地区的首位。中国与东南亚各国的贸易往来历史悠久,由于中国辽阔的海岸线与便利的海路运输,中国自古便有海上丝绸之路。自1991年起,中国便积极与东盟各国展开对话;2001年,中国—东盟自贸区正式全面启动,成为涵盖世界19亿人口和GDP6万亿美元的巨大区域性贸易体。但由于2015年至2016年中国南海问题争端,中国对东南亚各国出口规模略微下浮。中国对南亚与西亚的出口总额分别为953.95亿美元与894.87亿美元,占中国对"一带一路"沿线国家出口总额的17.5%和16.4%。2015年,中国加快建设南亚大通道,大力打造缅中印经济走廊,通过斥资修建边境铁路与边境合作口岸,推动环喜马拉雅经济带的建设,为"一带一路"倡议的南亚线路打下夯实基础。同时中国与西亚各国贸易往来达到历史高点,西亚作为亚欧大陆的连接枢纽,是"一带一路"倡议成功布局的关键区域。2015年以来,随着国际油价的企稳回升,西亚能源大国经济发展向好,其对中国日常消费品的进口总额逐步攀升,中国借此历史契机与西亚各国就重点经贸领域展开多项合作,中国出口贸易企业继续发挥自身优势,以满足西亚各国自身经济发展的多元化、全方位的贸易需求。

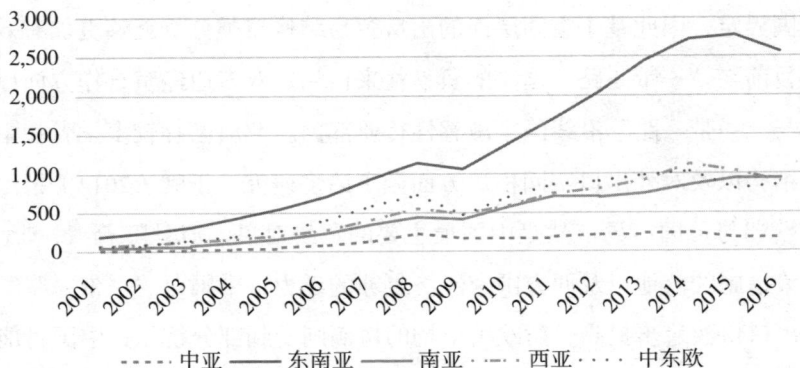

图3-5 中国对"一带一路"沿线所覆盖趋于的出口分布走势(单位:亿美元)

数据来源:世界银行、国家统计局。

从中国与"一带一路"沿线国家贸易平均增速可以看出，中国与中亚的土库曼斯坦、塔吉克斯坦以及西亚的格鲁吉亚和中东欧的波黑贸易增速较快，其年平均增速可达 40% 以上。同时中国与周边邻国例如印度、蒙古、柬埔寨和哈萨克斯坦等国的贸易年平均增速均在 25% 以上。由此可以看出，自我国正式提出"一带一路"倡议以来，与中国接壤的周边各国由于具有较低的运输成本和较高的国内市场需求，因此我国对周边各国的贸易往来得到迅速升温。中国与俄罗斯、乌克兰以及西亚部分地区贸易往来增速相对较为缓慢，原因是中东欧部分地区与中国建交时间较早，两地区双多边经贸往来历史更为悠久，同时中东欧相对面临经济增速缓慢，人口老龄化严重等问题，因此在提出"一带一路"倡议后我国与中东欧地区贸易增长较缓。西亚部分战乱国家由于政局动荡，与中国无法实时进行有效的经贸合作，因此"一带一路"倡议对我国与西亚部分国家贸易的提振作用较弱。

第三节　中国对"一带一路"沿线国家出口商品结构聚类分析

由于"一带一路"倡议是一个开放的区域贸易合作体系，其并没有十分准确的范围界定，因此基于空间层面的出口贸易结构聚类分析能够更加有效地揭示中国目前与"一带一路"国家的贸易往来格局、双多边经贸合作方向以及识别中国与"一带一路"沿线国家敏感性行业部门。此前已有较多学者在中国对外出口结构以及对外出口空间格局方面做了诸多研究。于鹏（2014）指出，虽然目前欧洲与美国市场依然是中国最主要的贸易对象，但是随着"一带一路"相关政策措施的落地以及西方国家经济复苏的乏力，中国对"一带一路"沿线国家的出口份额稳步提高，对欧美市场的份额则受到部分挤压，中国目前对外出口策略逐渐向新兴发展中国家市场转移。张磊（2014）从出口商品结构分析发现，目前中国出口低级产品的比重正在逐渐下滑，劳动密集型的纺织业和装备制造业所占的主导地位正在削弱，相反，高新技术产业与服务贸易产业因受到政府大力扶持而导致占比逐步提高，我国贸易产业结构升级转型展露成效。邹嘉龄（2015）指出中国与"一带一路"沿线国家的贸易依赖程度逐渐提升，并且存在略微的不对称性，同时从省级分析可以发现，加强与"一带一路"沿线国家的出口贸易对我国东南沿海地区的 GDP 增量贡献最大，加强对中亚五国的出口则对新疆维吾尔自治区的 GDP 贡献最大。

一、理论基础及数据来源

基于"一带一路"倡议背景下，运用显性比较优势指数、敏感性行业识别及 K- 中心点聚类算法研究分析中国与"一带一路"沿线国家出口贸易发展趋势、出口行业结构现状，并且对贸易双边各国的敏感性部门加以分析。其中显性比较优势用于甄别一国在国际商品贸易市场中具有比较优势的部门，其指标具体计算公式为

$$RCA_{ik}=(X_{ik}/X_i)/(M_k/M) \qquad (3-1)$$

式（3-1）中 RCA_{ik} 代表 i 国出口 k 商品所具有的显性比较优势，X_{ik}/X_i 代表 i 国出口 k 商品的总金额占该国出口总额的比重。M_k/M 表示"一带一路"沿线国家出口 k 商品的总额占所有国家出口总额的比重。由计算公式易知，当 RCA_{ik} 大于 1 时，表明该国具有在 k 商品出口中的显性比较优势，相反当 RCA_{ik} 小于 1 时，则该国在 k 商品出口中处于较弱地位。

敏感性行业分析旨在分析贸易双方是否存在进出口的依存度，具体计算公式为

$$SI_{ijk}=(EX_{ijk} \wedge EM_{ik}) \vee (IX_{ijk} \wedge IM_{jk}) \qquad (3-2)$$

式（3-2）中运算均为逻辑运算，各项参数取值均为 0 或 1。SI_{ijk} 表示 i 国出口 j 国 k 商品的行业部门敏感性。其中 EX_{ijk} 代表 i 国对 j 国出口 k 商品的总额占 i 国出口 k 商品总额的比重，IX_{ijk} 代表 j 国对 i 国进口 k 商品的总额占 j 国进口 k 商品总额的比重，当二者大于 70% 时，二者取值为 1。EM_{ik} 代表 i 国出

口 k 商品的总额占 i 国出口总额的比重，IM_{jk} 代表 j 国进口 k 商品的总额占 j 国进口总额的比重，当二者大于 50% 时，二者取值为 1。根据式中逻辑运算可知，当 i 国对 j 国出口 k 商品所占 i 国出口 k 商品总份额的 70% 以上，并且 i 国出口 k 商品占 i 国总出口的 50% 以上时，表明出口国 i 对进口国 j 具有较强的出口依赖性。同理，当 j 国对 i 国进口 k 商品所占 j 国进口 k 商品总份额的 70% 以上时，且 j 国进口 k 商品占 j 国进口总额的 50% 以上时，表明进口国 j 对出口国 i 具有较强的进口依赖性。当 $(EX_{ijk} \wedge EM_{ik})$ 与 $(IX_{ijk} \wedge IM_{jk})$ 均等于 1 时，则表明进出口两国对于 k 商品的国际贸易均有较强的相互依赖性，k 商品行业属于进出口两国的相对敏感部门。

本书在数据分类分析法中基于 K 平均值聚类分析算法，通过利用多维空间的中值中心作为新分类中心，进而实现将具有多维空间属性的样本数据进行自动分类。此类方法能够更好地实现数据的集聚状态，降低出现尾端极值的概率。本书所用国家层面数据来自国际贸易中心数据库（International Trade Centre）。

二、基于国家层面的出口商品结构聚类分析

自 2001 年中国加入世界贸易组织以来，中国与"一带一路"沿线国家的贸易往来逐步密切，但是主要集中在中国从中亚、西亚和蒙俄等国进口石油等能源以及从南亚进口纺织制品等，中国与"一带一路"沿线国家还处于贸易逆差状态。自 2006 年起，中国对"一带一路"沿线国家的贸易差额由负转正，并且于 2011 年后贸易顺差逐渐扩大。然而到 2015 年，由于中国出口面临国外宏观经济复苏乏力，同时国内经济转型压力加剧的双重影响，全国出口总值同比下降 7%。虽然中国外贸遭到强大的下行压力，但是我国当局政府立足眼前、着力长远，积极加速我国对外贸易结构的转型升级，推进我国出口贸易流程的便捷化，并大举支持新型商业模式的对外推广。

中国对外出口贸易转型已经初见成效。中国对外出口贸易中一直以机械器具出口及纺织品出口占据主导地位，2001 年机械器具加工出口占出口总额的

31.9%、纺织品出口占出口总额的18.7%。但是随着政府大力强调"工业制造4.0"，极力促进工业企业结构性升级，至2015年，我国机械器具出口占中国总出口份额上升至的42.2%，相比而言，劳动密集型的纺织品出口占出口总额的比例下降至12.0%。由此表明，我国人口红利逐渐消失，导致人力成本大幅提升，持续依靠人力密集型出口产业维持我国对外贸易已经不可行，应当努力向全球价值链上游寻求发展空间，压缩传统低附加值产业规模，大力发展创新型工业。2001年中国精密仪器和车辆、运输设备的出口总额仅占中国出口总额的3.5%和3.2%，2015年两项出口指标提升至4.7%和3.5%，表明我国对于尖端工业出口产业的重视程度有所提升，我国自主研发产品能力和科技创新能力正逐步提高。虽然中国整体出口结构正在加速完善，但是对于"一带一路"沿线国家的出口贸易结构改善速度较为滞后。

如表3-1所示，中国对"一带一路"沿线国家的出口贸易中以植物产品为主，2014年出口至"一带一路"沿线国家的植物产品占出口总额的43.82%，比2001年提升了22.53个百分点，同时提升20个百分点以上的分别是木材制品、塑料橡胶和金属及其制品，较2001年提升16~20个百分点的出口行业有纺织服装、鞋帽和能源等。相比之下，机械设备和交通运输设备仅仅提升6.8和11.3个百分点，远低于整体平均水平。由此可见，虽然"一带一路"沿线国家在我国对外出口贸易中的地位逐渐提升，但是我国对"一带一路"国家出口的主要商品结构还集中在较为初级的产品上，其中资源型产品和劳动密集型产品占主要地位并且在快速提升中，而技术导向型产品和科技创新型产品出口增量较小，增速较为缓慢，此与我国出口行业整体结构性改善方向相违背。具体原因主要是：第一，目前"一带一路"倡议还处于初级阶段，我国与"一带一路"沿线国家的贸易合作才刚刚起步，彼此并没有达到较为深入的知识技术产业合作，仅仅是对于一些基础产品和能源产品达成合作共识；第二，"一带一路"沿线国家多为发展中国家，其国内市场消费高精端技术产品的能力依旧有限，导致我国对其出口技术导向型产品的比例暂时偏低；第三，由于消费惯性的原因，"一带一路"沿线国家对高端工业产品的消费意识仍然停留在西方发达国家，对我国生产的诸如汽车、高铁等高技术型产品还需经历一段品牌认可期。但是从整体看来，由于"一带一路"沿线国家未来将持续处于经济高增速阶段，其国内市场具有较大的开拓空间，因此我国对"一带一路"沿线国家的出口贸易结构转型也指日可待。

表 3-1　2011—2014 年中国分行业对外贸易中"一带一路"沿线国家比重

指标	出口 / %			进口 / %		
	2001	2007	2014	2001	2007	2014
动物产品	8.04	11.49	19.75	30.69	29.14	11.78
植物产品	21.29	32.74	43.82	22.63	29.38	21.71
食品饮料	12.67	17.37	23.40	14.27	15.78	14.95
矿物	14.79	16.88	27.17	24.92	32.04	17.71
能源	22.31	29.38	41.62	64.53	57.71	64.96
化学制品	23.61	29.89	36.42	17.76	19.32	23.84
塑料橡胶	11.96	23.77	31.98	21.45	22.92	33.85
毛皮制品	12.16	14.62	30.04	6.60	11.21	14.03
木材制品	6.84	19.99	29.77	34.55	29.29	27.44
纺织服装	14.75	28.62	33.97	8.02	13.88	32.49
鞋帽制品	12.27	21.88	28.85	9.06	32.68	50.40
非金属矿物制品	11.37	23.42	20.23	9.61	11.47	34.23
金属及其制品	16.24	28.27	39.08	18.80	12.37	13.99
机械设备	14.95	17.82	21.75	11.62	17.93	16.15
交通运输设备	17.28	26.57	29.01	20.91	3.26	4.63
杂项制品	8.25	14.51	24.43	6.14	3.21	4.22
平均	14.44	21.57	27.18	18.69	21.74	24.65

数据来源：国际贸易中心数据库。

虽然目前中国对"一带一路"沿线国家的出口商品贸易结构有待完善，但是我国针对"一带一路"沿线国家需求不同，其出口结构也存在略微差别。除我国对中亚五国的出口商品以纺织服装为主外，其余地区的出口主要产品为机械设备。中国对蒙俄地区的出口贸易结构中，毛皮类制品占据相当大的比重，主要原因是蒙俄区域寒冷的气候使得国内市场对于毛皮制品具有极大的需求。南亚市场对化学制品的需求相对较高，而西亚及中东对金属制品较为喜爱。

根据每个地区的初始资源禀赋的差异，我国从"一带一路"沿线国家进口的商品结构也存在差异。由于蒙俄、中亚及西亚地区具有丰富的能源储备，因此我国从这些地区大量采购石油、天然气等能源。相比之下，南亚由于具有较为廉价的劳动力资源，因此其纺织服装产业具有相对的优势，我国也大量从印度、孟加拉国等进口服装制品。而东南亚与中东欧地区制造业相对较为成熟，因此我国在东南亚与中东欧市场主要采购机械设备与运输设备。

通过计算显性比较优势系数可以发现，如表3-2所示，蒙俄、中亚、西亚及中东等地区在能源及矿产品出口方面具有明显的比较优势，其RCA系数均在2.5以上，且中亚地区的矿物产品出口的显性比较优势高达4.09。而由于世界范围内的产业转移，使得南亚地区成了新一轮世界分工中的纺织产业聚集地，南亚地区纺织产业的出口显性比较优势系数高达2.99，同时南亚地区的动物产品、植物产品和非金属矿物质产品的出口比较优势也相对较为明显。中东欧地区在交通运输设备、动物产品及木材制品领域具有相对较强的出口优势。反观我国自身出口贸易产业而言，在显性比较优势指数方面，我国的毛皮制品、鞋帽制品以及机械制造领域相对于"一带一路"沿线国家具有较为明显的比较优势。同时可以发现，我国出口贸易产业所形成的比较优势与其余沿线国家形成产业错配，即其余沿线国家在我国优势领域并没有形成相对竞争力，所以便于我国快速进入"一带一路"沿线国家市场，并形成较大规模的影响力。

表3-2 2013年"一带一路"沿线六大地区与中国分品类显性比较优势指数

	中国	蒙俄	中亚	东南亚	南亚	中东欧	西亚及中东
动物产品	0.67	0.56	0.14	0.96	2.73	2.35	0.42
植物产品	0.34	0.55	1.09	1.80	2.73	1.70	0.52
食品饮料	0.61	0.45	0.23	1.62	1.19	2.07	0.57
矿物	0.21	1.58	4.09	1.31	1.62	1.13	1.26
能源	0.06	2.71	2.79	0.67	0.67	0.27	2.62

	中国	蒙俄	中亚	东南亚	南亚	中东欧	西亚及中东
化学制品	0.82	0.85	0.73	1.11	1.64	1.22	0.94
塑料橡胶	0.94	0.29	0.08	1.51	0.65	1.38	0.82
毛皮及其制品	2.05	0.16	0.11	0.54	1.79	0.59	0.15
木材及其制品	0.85	1.13	0.07	1.54	0.29	2.17	0.21
纺织服装	1.72	0.03	0.34	0.62	2.99	0.47	0.37
鞋帽制品	2.06	0.02	0.04	1.01	0.69	0.63	0.05
非金属矿物制品	1.05	0.73	0.60	0.62	2.87	0.48	1.20
金属及其制品	1.10	1.20	1.37	0.61	1.02	1.72	0.63
机械制造	1.71	0.10	0.04	1.33	0.25	1.05	0.15
交通运输设备	0.87	0.49	0.24	0.83	1.05	2.70	0.50
杂项制品	1.71	0.22	0.03	1.19	0.39	1.05	0.19

数据来源：国际贸易数据库。

第四节　中国对"一带一路"沿线国家出口的省级分析

一、省级层面对"一带一路"沿线国家的出口分区

在《愿景与行动》中，根据丝绸之路经济带和 21 世纪海上丝绸之路的实施路径，将全国划分为西北、东北地区，西南地区，东部沿海和港澳台地区，在全面分析区域经济资源优势和区位条件后，规划设计了不同地区、不同省市的重点任务和建设方向。本书为便于统计和分析，参考《愿景与行动》的分区之后，进一步将全国各省根据在"一带一路"规划中承担的任务分为西北地区、东北地区，西南地区，东部沿海地区和内陆地区四个部分。西北、东北地区包含内蒙古、新疆、宁夏、青海、陕西、甘肃及黑龙江、吉林、辽宁；西南地区包括广西、西藏、云南、贵州、四川和重庆；东部地区包括河北、北京、天津、山东、江苏、浙江、福建、广东和海南；中部地区包括山西、河南、湖北、湖

南、安徽、江西。其中,因港澳台地区的转口贸易和服务贸易发达,且主要贸易伙伴为东南亚、日本和美国,加之数据可得性较差,因此在本节的分析中暂且不计,只对内地 31 个省级行政区划单位对"一带一路"沿线国家的出口现状进行分析。

二、各区域对"一带一路"沿线国家出口现状分析

(一)西北、东北地区对"一带一路"沿线国家出口现状分析

西北、东北地区是丝绸之路经济带北线的途经之地,贸易战略地位十分重要。"一带一路"倡议与振兴东北老工业基地战略联系密切,是拉动东北地区市场需求的有效路径。在西北、东北各省当中,资源禀赋条件差别巨大:新疆、内蒙古和黑龙江与外国接壤,边境线绵长,路上口岸城市较多,边境贸易繁荣,边境小额贸易是其相接壤的中亚国家、俄罗斯、蒙古等国出口的主要形式之一;辽宁滨海,有大连等不冻港,具备远洋海运的条件,且自身工业基础较好,工业部门较为齐全,虽然近年来呈现衰落趋势,但环比诸省仍然是工业基础最为扎实的一个省份;陕西煤炭资源充足,其经济结构中很大一部分归功于煤炭开采,但是其他工业部门发展较为不足;甘肃、宁夏、青海地处内陆,第一产业占据统治地位,自身工业基础和经济基础都较为薄弱,处于相对弱势的地位。这些资源禀赋条件的差异导致了各个省份对"一带一路"沿线国家出口的差异。

2001—2016 年,西北、东北地区对"一带一路"沿线国家的出口经历了快速增加—快速下滑—再次增加—再次下滑的趋势,而 2001—2008 年的出口增速整体上要快于同期全国出口增速和同期全国对沿线国家出口增速,这体现了西北、东北地区经济基数较小因此增速较快的特点。2008—2009 年的下滑是因为受到世界经济的影响,外部需求收缩严重,因此下滑至 2007 年甚至是 2006 年的水平。随着中央经济刺激计划的实施,该区域的出口重新呈现正增长趋势,并在 2013 年左右达到峰值。但是由于该地区主要出口目的地俄罗斯、西亚和东欧经济出现衰退,外部需求急剧收缩的影响,2014—2016 年的出口再次呈现

急剧下滑的趋势。

从各省级行政区来看，如图3-6所示，2016年辽宁省出口金额占西北、东北地区整体金额的45%，东北三省合计占到本地区出口总额的54%。除东北三省之外，新疆和陕西各占16%和17%，内蒙古、宁夏、青海的比例在5%及5%以下。造成出口金额地域分配不均与各地出口商品种类和贸易方式有密切的关系。辽宁作为以重工业文明的工业大省，出口商品中机械类产品占比较大，这些货物金额较高，因此出口总额较高。如图3-7所示，在辽宁省的出口结构中，从2007年开始，机电类产品占比始终处于50%以上，而因为辽宁的研发创新能力落后于发达地区，因此其高新技术产品的比例始终不高；而在黑龙江、内蒙古、新疆的贸易方式中，边境小额贸易占了很大一部分比例，这些贸易多以生活用品、农产品等价值较低的产品为主，因此这些省份的出口总额较低。

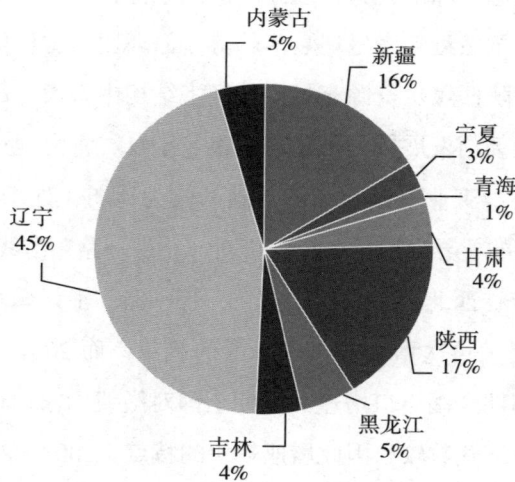

图3-6　2016年西北、东北地区各省对"一带一路"沿线国家出口额所占比例

数据来源：国家统计局。

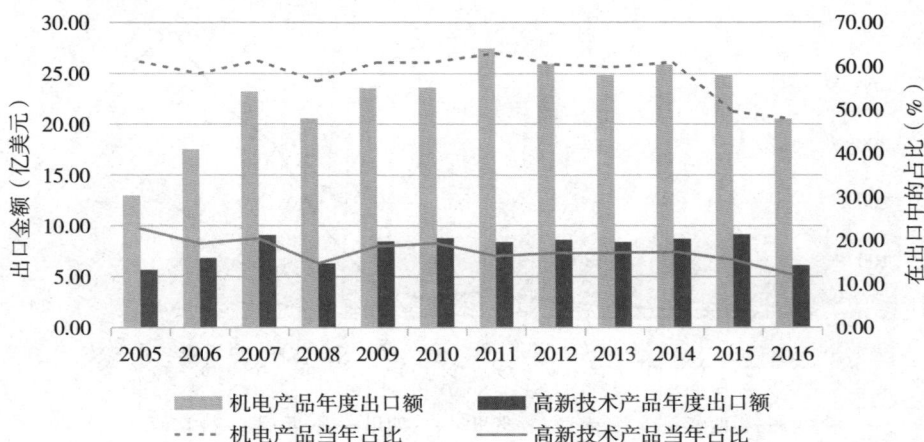

图 3-7　辽宁省机电产品和高新技术产品对沿线国家出口金额和占比

数据来源：国家统计局。

（二）西南地区对"一带一路"沿线国家出口现状分析

西南地区包含的六个省级行政区，四川、重庆的经济最为发达，是西部地区的龙头；广西靠近广东等经济发达省份，且有北部湾港区等出海口，因此桂东和桂南经济较为发达；而云贵两省和西藏的经济基础薄弱，制造业在经济结构中所占比例较小，地处内陆缺乏出海口，因此经济发展较为缓慢。如图 3-8所示，在 2001 年到 2016 年，西南地区整体出口呈现高速发展的状态，2010—2015 年期间的增长尤为迅速。与西北、东北地区相比，西南地区的贸易伙伴构成中，东南亚国家、南亚国家比例较大，这些新兴市场国家经济发展强劲且2008 年受到经济危机的影响较小，因此西南地区在 2008 年时出口下滑并不明显。但是随着东南亚、南亚国家承接中国产业转移速度加快，而中国淘汰落后产能步伐加速、外国投资的撤离，西南地区在 2014 年以后出口经济发展出现下滑趋势，2016 年出口跌落至 2012 年左右的水平。

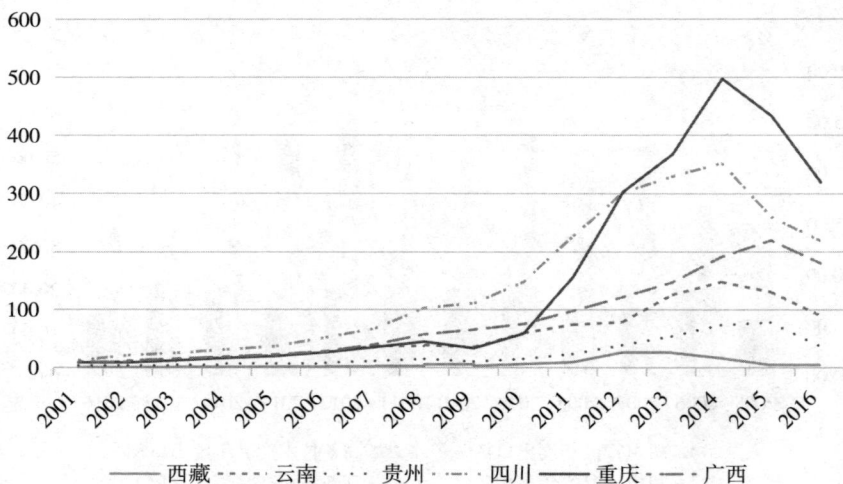

图 3-8 西南各省 2001—2016 年对"一带一路"沿线国家出口金额（单位：亿美元）

数据来源：国家统计局。

分省来看，如图 3-9 所示，2016 年四川和重庆占到了区域出口金额的 64% 左右，广西占到 21%，云南占比 11%，贵州占比 4%，西藏的出口额几乎下降至零。

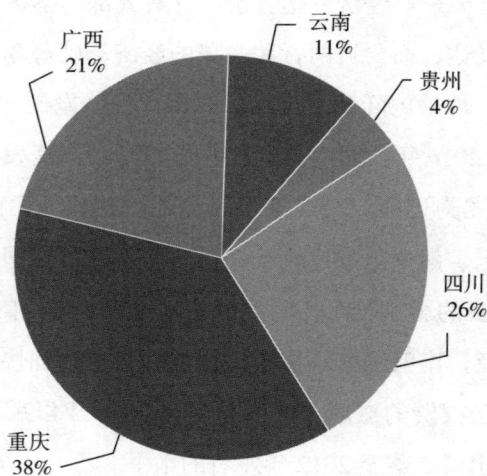

图 3-9 西南各省 2016 年对沿线国家出口金额占地区总金额比例

数据来源：国家统计局。

云南和四川的经济结构和出口结构具有相似性,在"天时地利人和"的条件下创造了 2008—2014 年的高速增长态势。重庆、四川的主要出口对象为美国、欧盟和东盟,新兴经济体在其出口结构中的占比较其他地区大,得益于新兴经济体近年来经济的快速增长,重庆、四川的出口增速得以保持相对稳定的增长。

另外,在重庆、四川的产业结构中,以笔电产品为代表的高新技术产业稳步增长,金属制品、机械设备、电器及电子产品、运输工具和仪器仪表等机电产品的比例达到 55%,而近年来高速发展的高新技术产业则可以达到 42%,而这又得益于笔电产业的快速发展。重庆市依托两路寸滩保税港区和西永综合保税区两大保税区,大力支持笔记本电脑、打印机等电子产业的发展,并以此带动上下游产业、保税物流、保税加工企业发展壮大,进一步发挥了产业聚集效能,有力地支撑了重庆市外贸进出口保持平稳较快的增长态势。四川、重庆在国家西部大开发战略中占有相当重要的地位,享受了国家产业政策的优惠,这为当地经济发展营造了政策环境和保障。

在西南地区中,广西作为西南唯一沿海的省份,与东盟国家陆海相邻,战略地位不言而喻。广西与越南陆上接壤,海路运输便利,北部湾港"一港"和防城港域、钦州港域、北海港域等"三域"组成了便利的海上交通网络,与东南亚、南亚、西亚和中东地区贸易往来频繁。因此,广西在"一带一路"倡议的整体规划中的定位是面向东南亚地区的国际通道,也是带动湖南、江西、安徽等中部省份开发开放的战略支点,是这些内陆省份与外界联系的窗口。

2016 年广西对"一带一路"沿线国家出口产品中,农产品、机电产品和高新技术产品三者比例如下:共出口农产品 119.02 亿元,占出口总额的 7.6% 左右,占对"一带一路"沿线国家出口额的 15.34%;而机电产品和高新技术产品的比例则大大超过农产品的出口比例。这一趋势在今后还将持续较长一段时间。东盟各国目前正在凭借廉价劳动力的优势承接从中国迁移的劳动密集型产业,但是尚不具备发展资本和技术密集的高新技术产业的条件,而这也正是广西可以抓住的机遇期。

（三）东部沿海地区对沿线国家出口现状分析

东部沿海地区包含的省市较多，包括北京、天津、河北、山东、江苏、上海、浙江、福建、广东和海南。该区域人口稠密，物产富饶，经济基础是全国最好的，而东部地区开放年代早，进出口贸易在该区域贸易结构中占了很大的比例。在中国对"一带一路"沿线国家的出口中，东部地区出口额占了57%左右，超过了其他所有地区之和，如果将视域拓展至中国对全球的出口，则东部地区所占比例将超过80%。

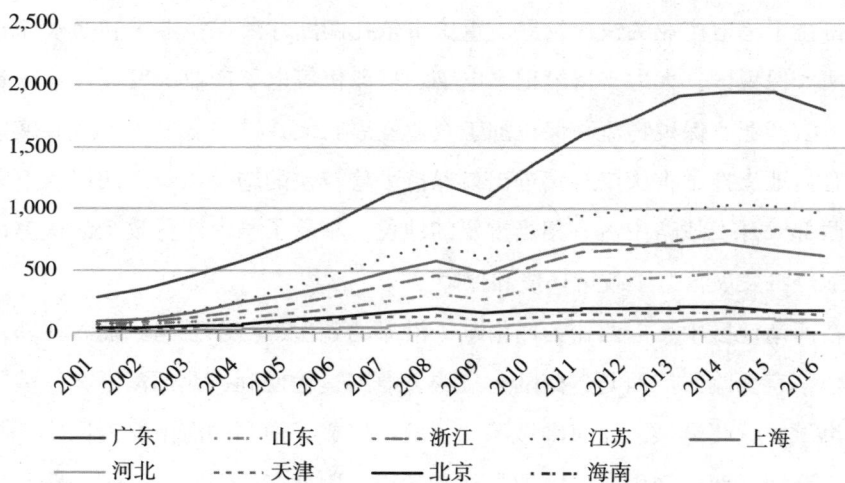

图3-10　东部地区对"一带一路"沿线国家出口额（单位：亿美元）

数据来源：国家统计局。

在东部各个省份对"一带一路"沿线国家的出口中，广东省所占比例最大。得益于便利的海路运输条件和毗邻香港、澳门的地理位置优势，广东凭借优惠的政策大力发展进出口贸易，其外贸依存度全国领先。

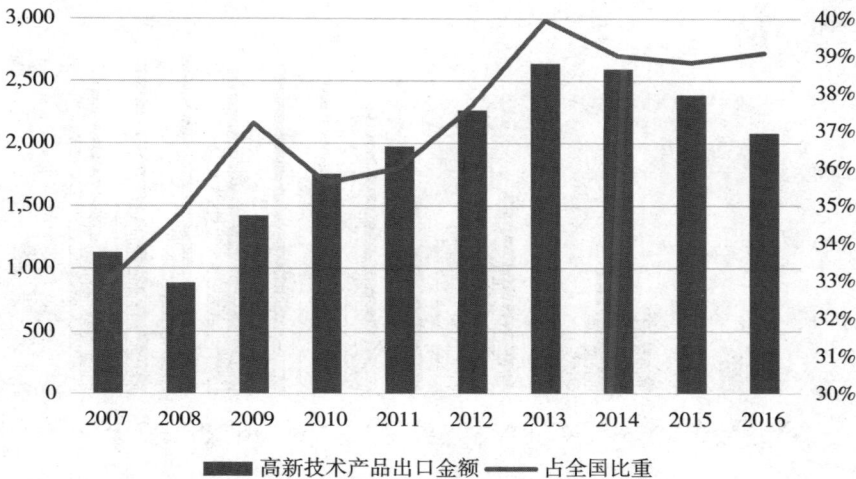

图3-11　广东省对"一带一路"沿线国家出口金额和全国占比

数据来源：广东省海关。

　　如图3-11所示，广东省在对"一带一路"沿线国家的出口中，增长趋势与全国对外出口趋势高度一致，2008年受到经济危机影响，对沿线国家出口出现下滑，但是下滑比例并不是特别大。这是因为在2008年，广东省的出口目的地分别为美国、日本、西欧、韩国和东南亚国家，"一带一路"沿线国家在出口结构中所占比例不是特别大，广东省对美国、日本和西欧的出口大幅下滑，而对沿线国家的出口收缩比例相对较小。近年来，随着"一带一路"沿线国家在广东省贸易结构中地位的上升，广东省出口国别结构得到相对优化，抵御世界经济波动对出口的影响的能力相对提升。

　　江苏、浙江和上海一直是中国经济重镇，在出口结构中占据重要地位。如图3-12所示，江苏、浙江和上海三地对"一带一路"沿线国家的出口额连年攀升，三地对沿线国家出口总额长期占据全国三分之一至五分之二的水平，在中国对沿线国家出口贸易中占有举足轻重的地位。

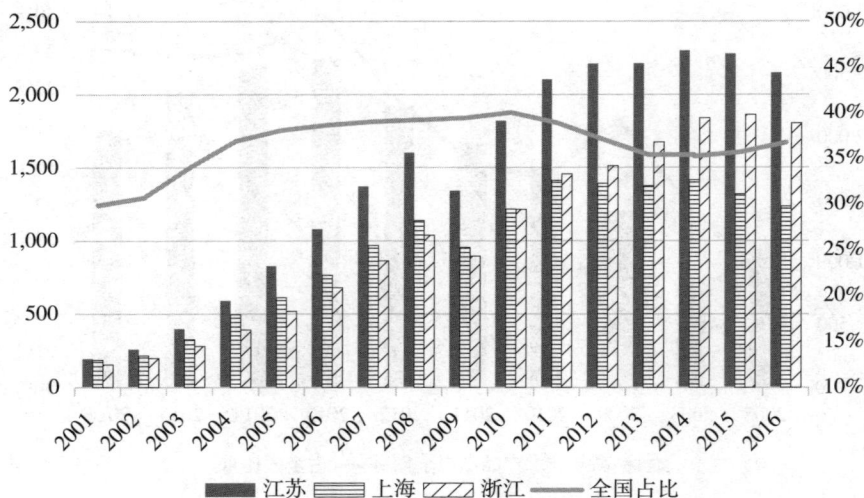

图 3-12　江苏、上海、浙江对"一带一路"沿线国家出口额和占全国比重（单位：亿元人民币）

数据来源：国家统计局。

　　上海作为中国经济中心，进出口形势近年来逐步回升向好。2016 年出口总额进一步回升，对沿线国家出口增速快于全国水平。2011—2016 年，上海的外商投资企业进出口金额比重严重下滑，而民营企业实现快速增长。以 2016 年上半年为例，上海外商投资企业贡献了 66.1% 的进出口总值，同比下降 1.7%，出口总值 8 658.6 亿美元，同比下降 2.8 个百分点。而同期民营企业进出口总额增长至 2 479.9 亿美元，涨幅超过 10%，在整个上海占比提升至 18.9%。

　　江苏省经济发展水平位于全国前列，进出口贸易繁荣，机电产品在出口商品中占据很大的比例，高新技术产品的占比也维持在四分之一左右，相比之下，传统行业的商品如纺织品、服装和农产品则占比较小。纵向看来，江苏省出口商品结构在 2009—2016 年的观察期内逐渐得到优化，高新技术产品和机电产品等高附加值商品的比例逐渐提升，而传统产业的产品的比例逐渐减小。这与江苏产业结构升级调整、劳动密集型行业淘汰、外资撤离等一系列原因密切相关。

从出口国别及地区来看，如图 3-13 所示，在江苏省的出口对象中，美国、欧盟和东盟所占比例最大，而其他地区所占比例则相对较小。这种贸易结构造成了江苏省在参与 21 世纪海上丝绸之路建设时，无法像其他与沿线国家贸易关系密切的省份一样发挥重要作用。但是由于江苏省经济体量很大，所以其对沿线国家的出口从数量上看来仍然比较可观。

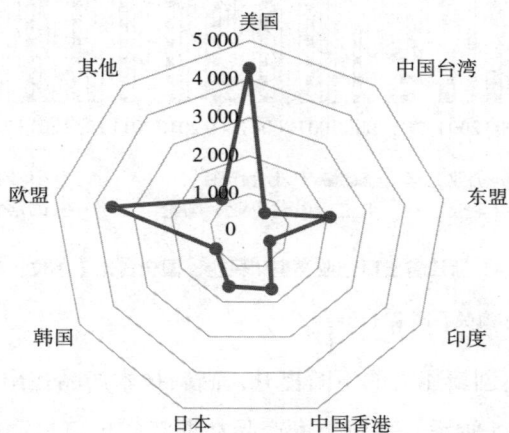

图 3-13 2016 年江苏省出口国别及地区金额（单位：亿元人民币）

数据来源：江苏省海关、商务部。

浙江物产丰富，经济发达，历来是全国经济重镇。浙江省经济结构的特点是民营经济活跃、民间资本发达，在浙江省的出口结构中，外资企业在初期起到了很强的促进和带动作用，因为在开放之初直至 2010 年之前的一段时间内，中国由于技术落后，缺乏核心竞争力，因此在那个时期的大量外资投资中国建设劳动密集型制造业，如制鞋业、服装业等，浙江得益于便利的交通和良好的经济社会基础，吸引了大量外资企业，贡献了很大一部分出口额。随着中国自主创新能力的加强，浙江的民营企业和国有企业开始崛起，因为民企规模较小、经验不足，因此在 2008 年经济危机时遭遇到挫折，但是很快得到了恢复，并逐渐在对外出口格局中获得越来越重要的地位。

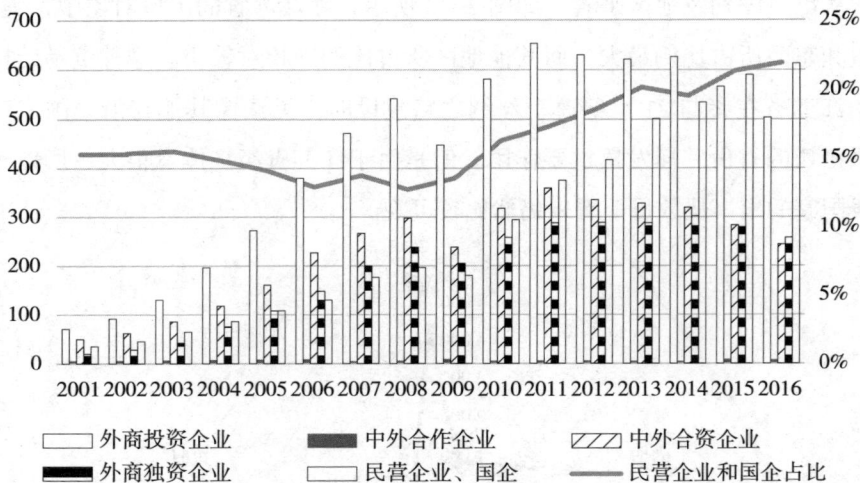

图 3-14　浙江省出口企业类型和民企、国企占比（单位：亿美元）

数据来源：杭州市海关、国家统计局。

　　随着我国自主创新能力的不断提升，高新技术产品在出口中的比重逐步得到提升。如图 3-15 所示，高新技术产品在浙江省出口总额中的比重呈现整体上升的趋势。这体现了浙江省出口产品的结构优化，说明传统行业产品在出口中的比例下降，而知识密集型、资本密集型的高新技术产品比例则不断上升。另外，从 2008—2010 年高新技术产品在出口中的比重看来，高新技术产品的出口在整体出口萎缩的大环境下逆势上涨，说明高新技术产品抵御经济波动给出口带来的影响的能力要胜于传统产业的产品，因此，大力发展高新技术产业，是增强我国出口产品竞争力、提高我国出口抗风险能力的重要举措。

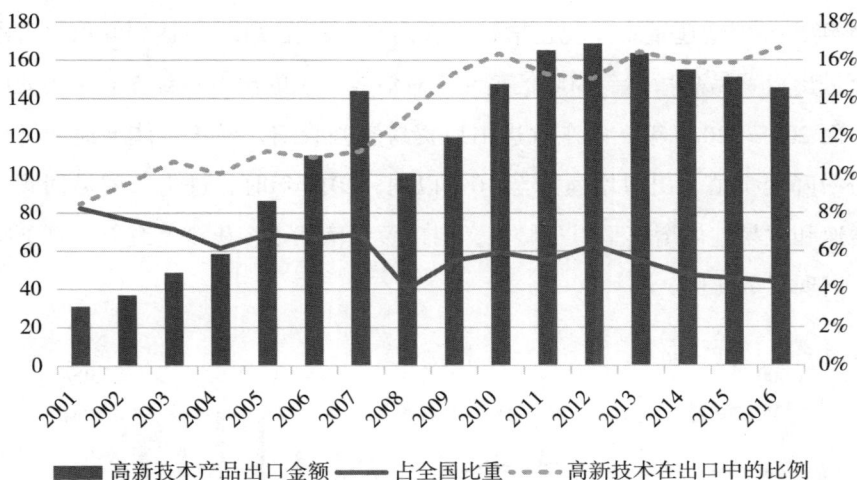

图 3-15　浙江省高新技术产品出口占全国比例和全省比例（单位：亿美元）

数据来源：杭州市海关、国家统计局。

　　另外，在图 3-15 中，高新技术产品占全国比重出现了整体下滑的趋势，这说明浙江省高新技术产品出口增速低于高新技术产品出口在全国总出口中的增速，也说明除浙江外其他地区尤其是内陆地区的高新技术产业发展迅速。这些地区缺乏沿海地区的便利条件，因此没有像浙江一样的先发优势，但随着技术创新和科技进步，逐渐具备了发展知识密集型和资本密集型产业的基础，得以在近年快速发展高新技术产业和其他战略性新兴产业，从宏观看来是具有积极意义的。

　　山东省是我国出口大省，如图 3-16 所示，山东全省在对"一带一路"沿线国家的出口中，呈现了较大的波动性。从 2001 年到 2008 年经济危机爆发之前，山东省对沿线国家的出口维持高速增长状态，复合增长率 25% 左右，实现了多年的连续增长，进出口贸易总额在 2008 年达到峰值，超过 500 亿美元，出口贸易也在当年达到 389 亿美元的峰值；随后在经济危机中，山东省对沿线国家进出口贸易增速、进口贸易和出口贸易增速三项指标纷纷经历"深 V"增长，出口增速一度跌破 –10%，进口贸易受到的挫折则相对较小；在 2009—
2014 年，外贸增速重新呈现正增长，进出口贸易在 2014 年达到峰值，对沿线
国家进出口贸易总额达到 900 亿美元，对沿线国家的出口达到 578 亿美元的峰
值；而 2015—2016 年，山东省进出口贸易急剧收缩，外贸整体增速和进口增
速纷纷降至负值，出口增速降至 10% 以内；2016 年时，进出口贸易回暖，进
口增速和贸易整体增速呈现正增长，出口贸易依然不容乐观，继续呈现下降趋
势，出现了负增长。

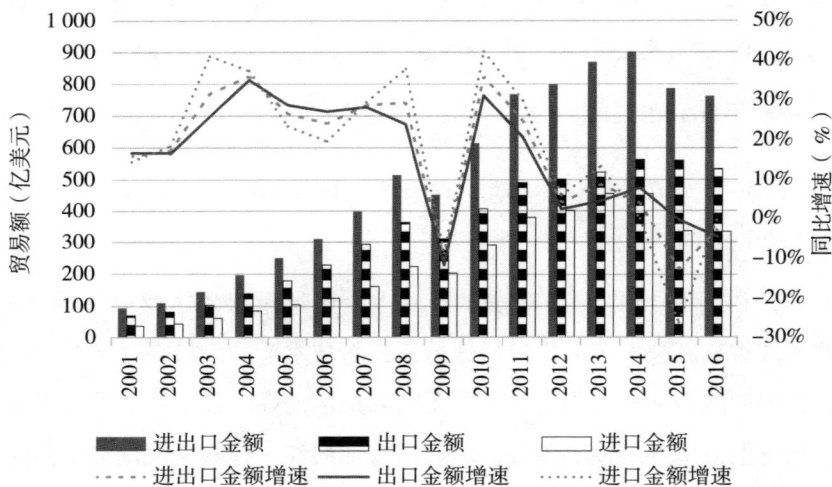

图 3-16　山东省对"一带一路"沿线国家进出口贸易额和同比增速

数据来源：青岛市海关、山东省商务局。

山东对"一带一路"沿线国家的出口变化与其出口目的地国家构成有关。
如图 3-17 所示，在山东省 2016 年 1 月的出口中，美国、东盟、欧盟、日本、
韩国的出口占了绝大部分出口额，相比之下出口到"一带一路"沿线国家的数
量就相对较小了。因为山东拥有青岛、烟台、日照、威海等众多良港，海运条
件好，发展国际贸易的条件得天独厚，加上毗邻日、韩，因此在山东外贸起步
时期，大量韩国和日本企业在山东半岛投资建厂，且主要为劳动密集型的服装、

制鞋业以及环境污染较为严重的橡胶、塑料工业，这些产品随后被出口到美国、西欧和日、韩等国家，这种贸易模式导致山东省自身的创新能力和发展自主品牌的动力不足、能力欠佳。因此，山东省外贸行业缺乏像浙江、江苏等省份一样的抵御世界经济波动的能力。

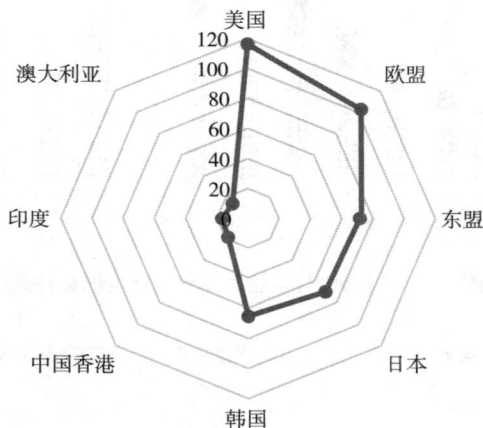

图 3-17　山东省 2016 年 1 月出口主要地区（单位：亿美元）

数据来源：青岛海关。

　　如图 3-18 所示，山东省对"一带一路"沿线国家出口中，外资企业的比重呈现了增加—下滑—增加和再下降的变化。2008—2009 年的波动是由于宏观经济环境的影响，外资撤离导致外资在出口中的总量下降，而近年来随着劳动力成本、环境成本和能源成本的上涨，外资在山东省的经营成本持续上涨，因此自 2014 年开始出现下降的趋势，与此同时山东本土企业开始逐渐成长，在出口结构中的比例逐渐上升。

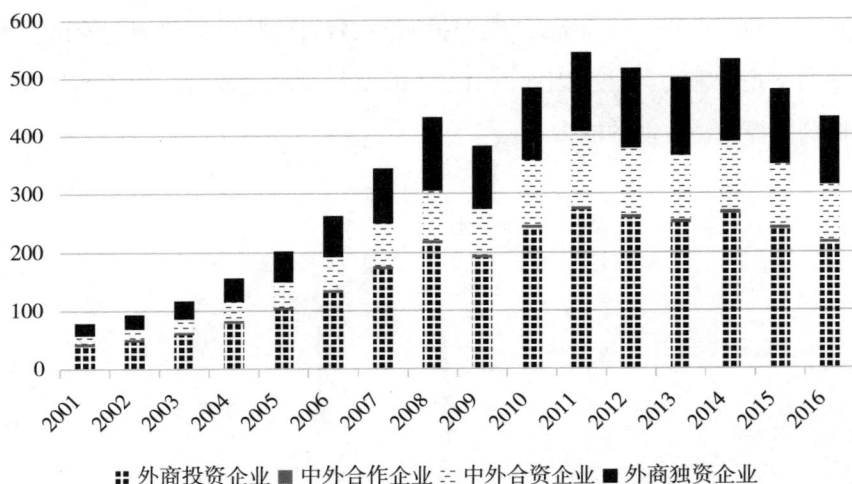

图 3-18 山东省对"一带一路"沿线国家出口企业类型变化（单位：亿美元）

数据来源：山东省统计局。

福建省地处海峡西岸，经济较为发达，是"一带一路"规划中的 21 世纪海上丝绸之路的核心区。在福建省的出口结构中，"一带一路"沿线国家的比例要相对高于东部沿海地区的其他省份。如表 3-3 所示，福建省在 2016 年的前三季度中，主要贸易伙伴是美国、欧盟和东盟，海上丝绸之路沿线国家的出口额超过对北美、南美和非洲的出口之和。2016 年前三季度，海上丝绸之路沿线国家的出口增幅达到 6.2%，相比之下美国、拉丁美洲、日本的出口都呈现了负增长，因此新兴国家市场的拓展对于缓解发达国家外部需求萎缩对出口造成的冲击起到了重要作用。

表 3-3 福建省 2016 年前三季度出口金额与同比增速（单位：亿元人民币）

出口目的地	出口额	同比增速
东盟	860.9	14.40%
中国香港	434.7	8.20%
欧盟	903.4	0

续表

出口目的地	出口额	同比增速
日本	272.5	−0.50%
美国	965	−6.90%
大洋洲	105%	6%
南亚	159.7	0.80%
中东	375.4	−4.00%
非洲	254.2	−10.50%
拉美	281.7	−20.80%
海上丝绸之路沿线国家	1427.7	6.20%

数据来源：福建省统计局。

　　从贸易经营主体来看，民营企业出口逐渐呈现出强劲的动力，成为福建出口增长的中流砥柱。2016 年 1 月，福建省民营企业出口 388 亿元，增长 5.6%，占同期福建省出口的 50.4%，拉动福建省出口 3.2 个百分点。而外商投资企业和国有企业分别下降 2.6% 和 7.9%。

　　如图 3–19 所示，福建省外资企业对出口的贡献率实际上呈现了下降趋势。2008 年经济危机时，外资企业出口增速陡跌至 −20% 左右，随后贸易形势得到恢复，但福建省外资企业的出口增速呈现整体下降趋势，2016 年增长率已接近 −10%。相比民营经济的增长活力，外资企业显然已丧失活力和动力，外资撤离也成为常态，因此，要建设福建 21 世纪海上丝绸之路核心区，除了要扩大对沿线国家的出口，更重要的是要鼓励、培养一大批具有核心竞争力的民营企业，发挥民营经济的活力，扩大对外出口的深度和广度。

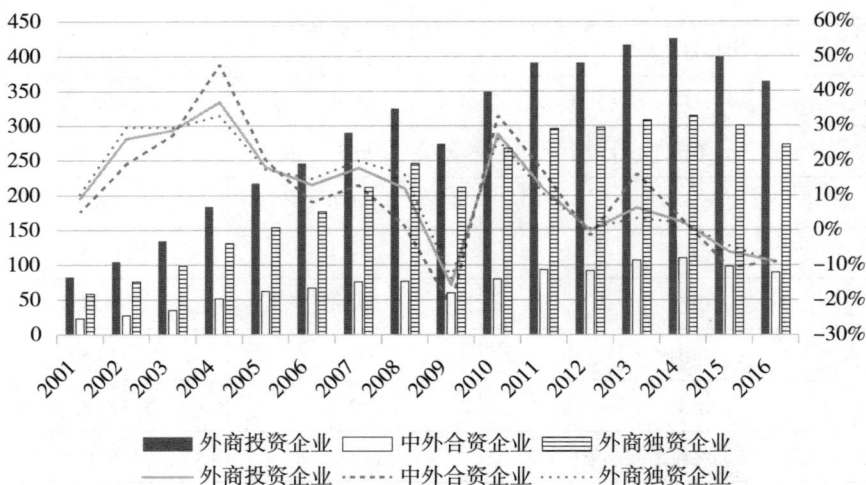

图 3-19　福建省不同类型出口企业出口金额和同比增速（单位：亿美元）

数据来源：福建省统计局。

（四）内陆地区对沿线国家出口现状分析

内陆地区经济腹地广阔，产业基础和人才优势较为突出，成渝城市群、长江城市带、呼包鄂榆城市群等城市集群人口密集、工业基础较好，是实施"一带一路"倡议的重要人才基地和产业基地，也是开放型经济高地。

内陆地区由于远离港口，缺乏发展外贸的必要交通条件和政策优势，因此出口外贸长期以来在全国占比很小。如图 3-20 所示，内陆地区对"一带一路"沿线国家和地区的出口金额整体上呈现增长的态势，变化趋势与全国对外出口一致。从时间变化上来看，内陆地区在 2009 年以前，出口在全国总出口中的比例一直徘徊在 4% 左右，差不多是广东省一省的十分之一，之后在 2010—2016 年，内陆地区的出口保持平稳增长，在全国范围内的占比逐步提升至 7% 左右。这表明内陆地区的制药业、出口加工行业在这几年间得到了较快发展，联系党中央"中部崛起"政策，这一现象可以得到更好的解释。

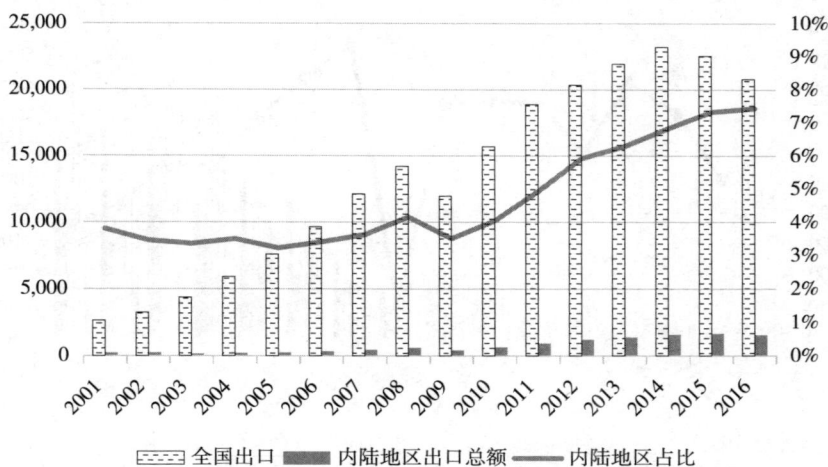

图 3-20 内陆地区对"一带一路"沿线国家出口在全国出口总额中的比例（单位：亿美元）
数据来源：国家统计局。

如图 3-21 所示，在内陆地区六个省份中，河南省、安徽省、江西省和湖北省的出口总额显著高于湖南省和山西省，这反映了各个省份之间资源禀赋条件的差异对其出口的显著影响。整体看来，内陆地区的出口增速波动很大，波动最大的 2009 年和 2010 年增速差额可达 80%。2009 年受到经济危机影响，内陆地区出口增速探底至 –30% 左右，而 2010 年经济形势回暖，当年出口增速超过 50%，波动幅度之大远超全国平均水平。另外，近年来内陆地区出口增速呈连续下滑趋势，2015 年降至负增长，2016 年出口增速在 –5% 左右。

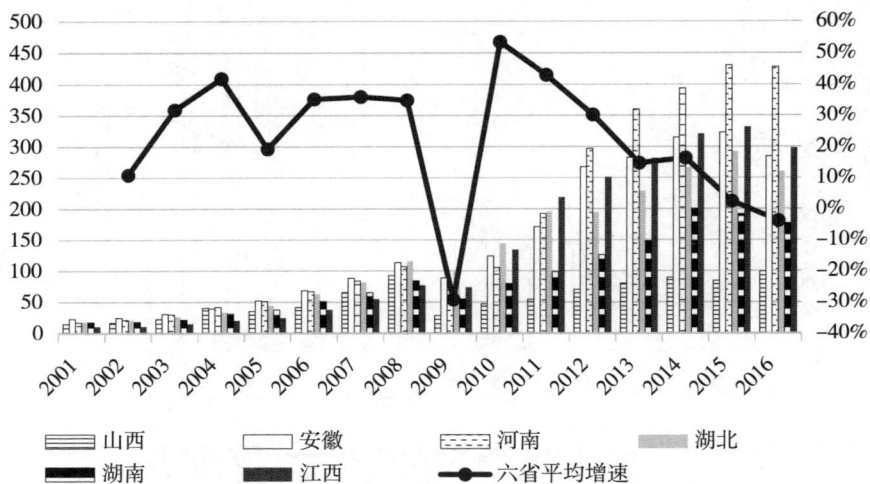

图 3-21　内陆六省对"一带一路"沿线国家出口额和出口增速（单位：亿美元）

数据来源：国家统计局。

第四章 中国对"一带一路"沿线国家出口潜力的实证分析——基于引力模型的验证

第一节 模型设立

本书采用了贸易引力模型对中国对"一带一路"沿线国家的出口潜力进行了实证分析。根据牛顿的万有引力定律，Tinbergen（1962）将这个理论运用到国家之间的贸易中，他认为两国之间的贸易额与两国之间的距离、经济规模有关系，与两国之间的距离呈反比关系、与两国的经济规模呈正比关系。随后越来越多的学者将引力模型进行扩展和改进。Linnmann（1966）通过搜集国家之间的贸易数据对国家的贸易现状进行实证研究。为了研究不同国家的对外贸易情况，很多学者对引力模型进行改进，选择适合的参数对不同国家的贸易状况进行研究。

在实证研究中，不同的学者对引力模型中的变量选取有一定的差别，对于两国之间的距离，有的学者采用了绝对距离进行衡量，即两国的首都之间的距离；也有的学者采用了相对距离进行衡量，即两国之间的距离与其他贸易国之间的距离比值。对于经济规模变量，一般是采用衡量一国的经济发展水平的指标，如 GDP、人均国民收入等。由于引力模型的公式是比值的形式，因此在进行模型检验和计算的时候，一般将变量进行取对数处理，进而变成线性方程的形式。

引力模型在国家对外贸易的研究中比较受欢迎，主要有以下原因：①原理易理解，该模型来自万有引力定律，理论比较成熟，易于理解；②容易做计量研究，该模型涉及的变量是比较常见的经济变量，且数据较容易获取，易于做计量研究；③易于改进，结论可靠，引力模型的形式较简单，当对模型变量取对数后变成线性回归的形式，且容易添加关于是否有共同语言、共同边界等虚拟变量对现实经济情况进行分析，结论也更真实。

本书在引力模型的基础上先建立了时变随机前沿引力模型，分析影响中国对"一带一路"沿线国家的出口水平的主要因素和贸易非效率项随时间变动的情况；然后采用一步法构建贸易非效率模型，研究影响贸易非效率项的相关因素；最后分析两个模型估计出的贸易效率，以此衡量中国对"一带一路"沿线国家的出口贸易潜力。本章将使用 2001—2015 年的面板数据，估计我国对"一带一路"沿线 65 个国家的出口贸易潜力和贸易效率，并检验相关的影响因素，得出结论和建议。

一、时变随机前沿引力模型

随机前沿分析（stochastic frontier analysis）最早由 Aigner 等（1977）提出并用来分析生产过程中的技术效率。随机前沿引力模型相比传统的引力模型有了一定的改进，该模型对随机扰动项进行了拆开分别研究的处理。

随机前沿引力模型来源于对原始引力模型的改进，本书建立的随机前沿引力模型表达式如下所示[①]：

$$T_{ijt} = f\left(x_{ijt}, \beta\right) e^{v_{ijt}} e^{-u_{ijt}} \qquad u_{ijt} \geqslant 0 \qquad (4\text{-}1)$$

$$\ln T_{ijt} = \ln f\left(x_{ijt}, \beta\right) + v_{ijt} - u_{ijt} \qquad u_{ijt} \geqslant 0 \qquad (4\text{-}2)$$

$$T^{*}_{ijt} = f\left(x_{ijt}, \beta\right) e^{v_{ijt}} \qquad (4\text{-}3)$$

$$\mathrm{TE}_{ijt} = \frac{T_{ijt}}{T^{*}_{ijt}} = e^{-u_{ijt}} \qquad (4\text{-}4)$$

---

① 公式的具体推导过程源自 Battses 和 Coelli (1992), Frontier Production Functions. Technical Efficiency and Panal Data With Application to Paddy Farmers in India.

其中，T_{ijt} 是指在 t 年 i 国对 j 国的实际出口额，为了检验和计算的方便，本书将其取了自然对数，转化成线性方程。T^*_{ijt} 是指在 t 年 i 国与 j 国之间的前沿出口贸易额，即出口贸易潜力，两国之间在现有条件下理论上能达到的最大出口贸易额。TE_{ijt} 是指贸易效率，由两国之间的实际出口贸易额与前沿出口贸易额的比值计算得出，贸易效率越高说明两国之间的贸易发展程度越高，而出口贸易潜力越小；相反，当贸易效率越低时，说明两国之间的实际出口贸易额与潜在最大出口贸易额之间的差距较大，两国之间的出口贸易还有很大的发展潜力。

x_{ijt} 是指该模型中影响两国之间出口贸易水平的自然因素，本书选取的变量有人均 GDP、人口总量、两国的距离、有无边界、有无共同语言等。

1. 人均 GDP（$PGDP_{it}$, $PGDP_{jt}$）

该变量主要反映了贸易两国的经济规模的大小，两国的人均 GDP 越高就表明这两国的经济发展水平越高，因而两国潜在的进出口贸易能力越强，发生贸易的可能性也越高。理论上该变量与实际贸易额 T_{ijt} 之间为正相关关系。

2. 人口总量（POP_{it}, POP_{jt}）

从一国的人口总量可以看出该国的潜在市场的大小，人口数量越多，该国的贸易市场也就越大，潜在的贸易可能性就越高，理论上该变量与实际贸易额 T_{ijt} 之间为正相关关系。

3. 两国的距离（DIS_{ij}）[1]

两国之间的地理距离对两国的贸易有着重要影响，两国的距离越远则运输成本越高，会大大降低两国发生贸易的可能性。因此，该理论上该变量与实际贸易额 T_{ijt} 之间为负相关关系。

4. 其他因素（X_{ij}，包括是否有共同边界、是否有共同语言）

本书选取了贸易两国是否有共同边界、是否有共同语言这两项作为虚拟变量，当贸易两国有共同边界时为 1，无共同边界时为 0，有共同语言时为 1，无

---

[1] 本书采用CEPII数据库统计的各国首都之间的距离作为两国的距离。

共同语言时为 0。

随机前沿模型公式中的 β 是待估参数，在实证部分本书将会通过相关数据利用最大似然估计的方法得出 β 参数值。v_{ijt}，u_{ijt} 为该模型的随机扰动项，这也是随机前沿模型的改进之处，v_{ijt} 服从均值为 0 的正态分布，这也是普通的扰动项；u_{ijt} 为正值，即贸易非效率项，经济含义为影响两国贸易的人为因素。根据公式（4-4）贸易效率的计算公式，贸易效率 TE_{ijt} 与贸易非效率项 u_{ijt} 有关，通过对 u_{ijt} 的计算可以得到 TE_{ijt} 的值。最先把标准的引力模型引入对外贸易研究的学者都假设 u 与时间无关，但随着研究时间的增长这种假设与实际并不符合，因此，随机前沿贸易模型假设贸易非效率项 u_{ijt} 与时间有关，具体计算如下所示。

$$u_{ijt} = \mathrm{e}^{-\theta(t-T)} u_{ij} \qquad (4-5)$$

其中，u_{ijt} 随时间而变化，服从截尾正态分布，当 $\theta > 0$ 时，u_{ijt} 随时间的变化而不断减小；当 $\theta < 0$ 时，u_{ijt} 随时间的变化而不断增加；当 $\theta = 0$ 时，u_{ijt} 与时间无关，此时该模型为时不变模型。

根据以上对相关变量的解释，由此可以得到时变随机前沿模型的表达式，本书设定的时变随机前沿贸易引力模型的公式如下所示。

$$\ln T_{ijt} = \beta_0 + \beta_1 \ln \text{PGDP}_{it} + \beta_2 \ln \text{PGDP}_{jt} + \beta_3 \ln \text{POP}_{it} + \beta_4 \ln \text{POP}_{jt} +$$
$$\beta_5 \ln \text{DIS}_{ij} + \beta_6 X_{ij} + v_{ijt} - u_{ijt}$$

$$(4-6)$$

为了检验该模型的适用性，本书将利用通过中国与"一带一路"沿线国家的贸易数据，采用似然比对模型是否存在贸易非效率进行检验，以验证时变随机前沿引力模型对研究中国对"一带一路"沿线国家的出口潜力的合理性。

二、贸易非效率模型

在时变随机前沿贸易引力模型的基础上，本书采用了一步法对贸易非效率项进行回归分析。这也表明贸易非效率项也受到其他人为因素的影响，但它们之间并不是独立的，也与时变随机前沿贸易引力模型中的变量有关系，因而贸易非效率项可以与这些变量一起进行回归分析。贸易非效率项的 u_{ijt} 的表现形式如下所示。

$$u_{ijt} = \alpha' z_{ijt} + \varepsilon_{ijt} \qquad (4-7)$$

将公式（4-7）代入时变随机前沿贸易引力模型的公式（4-2）中，得到了如下的表达式。

$$\ln T_{ijt} = \ln f\left(x_{ijt}, \beta\right) + v_{ijt} - \left(\alpha' z_{ijt} + \varepsilon_{ijt}\right) \qquad (4-8)$$

其中，z_{ijt} 表示影响贸易非效率的人为因素，α 为该模型的待估参数，ε_{ijt} 为模型的随机干扰项，u_{ijt} 服从截尾正态分布。本书选取的贸易非效率的人为影响因素主要有铁路总里程、航空运输量、货币自由度、金融自由度、贸易自由度、政府清廉度、两国是否具有已经生效的自由贸易协定。

1. 铁路总里程（TRM_{it}）

贸易国的铁路总里程主要是用来衡量该国的运输状况和贸易便利程度，若该国的铁路总里程数越大，说明该国的贸易水平相对较高，更利于对外贸易；反之，则说明该国的交通设施不够发达，不利于对外贸易。

2. 航空运输量（AT_{it}）

与铁路总里程相似，航空运输量也是用来衡量贸易国的对外贸易便利度的指标，当一国的航空运输量越大，意味着该国的贸易便利度越高，更利于对外贸易；反之，当该国的航空运输量较小时，说明该国贸易水平较低，不利于对外贸易。

3. 货币自由度（MON_{it}）

一国的货币自由度水平反映了该国对市场价格的管制程度，该变量的数据来源于全球遗产基金会与华尔街日报合作编制的 Index of Economic Freedom 数据库，数值越大表明该国的货币自由度越高，数值越小表明该国的货币自由度越低。

4. 金融自由度（FIN_{it}）

金融自由度水平衡量了一国的政府对金融业的管制程度，金融自由度水平越高则该项指标的评分越高，说明金融业受政府的管制程度越低；该指标的评分越低，则说明金融业受政府的管制程度越高。

5. 贸易自由度（$TRAD_{it}$）

该指标反映了政府对外贸的干预程度，可以从该政府设定的关税政策、关税水平等方面看出。贸易自由度的数值越高说明该国的贸易自由度越高，政府对外贸的干预程度较低；反之，数值越低则说明政府对外贸的干预程度越高，对外贸易的自由度不高。

6. 政府清廉度（CPI_{it}）

政府清廉度指标的大小反映了该国的民主水平和政府的清廉水平，一国的民主水平越高，对外贸易的效率也越高。当该指标的数值越高，说明该国的民主水平越高；数值越低，说明该国的民主水平越低。该指标的数据来源于"政体民主度"数据库（polity IV）。

7. 两国是否具有已经生效的自由贸易协定（FTA_{ijt}）

是否签订了自由贸易协定在很大程度上影响了贸易两国的关税水平，对两国的贸易水平有很重要的影响。该变量是本书设定的虚拟变量，若贸易两国具有已经生效的自由贸易协定，则取 1；若没有已经生效的自由贸易协定，则取 0。

根据前面选取的变量，本书建立的贸易非效率模型表达式如下所示。

$$u_{ijt} = \alpha_0 + \alpha_1 TRM_{it} + \alpha_2 AT_{it} + \alpha_3 MON_{it} + \alpha_4 FIN_{it} + \alpha_5 TRAD_{it} +$$

$$\alpha_6 CPI_{it} + \alpha_7 FTA_{it} + \varepsilon_{ijt} \qquad (4-9)$$

根据公式（4-9）可以看出各人为因素对贸易非效率项的影响，接下来本书会对各变量的显著性进行检验，以验证各影响因素对模型的影响。

第二节 样本、数据的来源及说明

根据 2015 年国家发展改革委、外交部、商务部联合发布的《推动共建丝绸之路经济带和 21 世纪海上丝绸之路的愿景与行动》,"一带一路"沿线共有 65 个国家,东亚的 1 个国家,东盟 10 个国家,西亚 18 个国家,南亚 8 个国家,中亚 5 个国家,独联体 7 个国家,中东欧 16 个国家。具体国家情况如表 4–1 所示。

表 4–1 "一带一路"沿线国家名单

区域	国家明细
东亚(1)	蒙古
东盟(10)	印度尼西亚、马来西亚、菲律宾、新加坡、泰国、文莱、越南、老挝、缅甸、柬埔寨
西亚(18)	伊朗、伊拉克、格鲁吉亚、亚美尼亚、阿塞拜疆、土耳其、叙利亚、约旦、以色列、巴基斯坦、沙特阿拉伯、巴林、卡塔尔、也门、阿曼、阿拉伯联合酋长国、科威特、黎巴嫩
南亚(8)	尼泊尔、不丹、印度、巴基斯坦、孟加拉国、斯里兰卡、马尔代夫、阿富汗
中亚(5)	哈萨克斯坦、土库曼斯坦、吉尔吉斯斯坦、乌兹别克斯坦、塔吉克斯坦
独联体(7)	俄罗斯、白俄罗斯、乌克兰、摩尔多瓦、格鲁吉亚、阿塞拜疆、亚美尼亚
中东欧(16)	阿尔巴尼亚、波黑、保加利亚、克罗地亚、捷克、爱沙尼亚、匈牙利、拉脱维亚、立陶宛、马其顿、黑山、罗马尼亚、波兰、塞尔维亚、斯洛伐克、斯洛文尼亚

本书根据时变随机前沿引力模型和贸易非效率模型设定的相关变量搜集了中国与"一带一路"沿线国家的相关数据。为使结果更接近事实,本书选取的数据时间为 2001—2015 年,鉴于数据的可得性,本书剔除了文莱、巴勒斯坦、伊拉克、阿富汗、不丹、马尔代夫、塞尔维亚黑山、叙利亚、马其顿这 10 个国家,因此研究样本为剩下的 55 个国家的各变量数据。在时变随机前沿引力模型中,各国的出口额、人均 GDP、各国人口数量的数据均来自 UN comtrad 数据库;贸易国之间的距离、是否有共同边界、是否有共同语言的数据

来自 CEPII 数据库。在贸易非效率模型中，铁路总里程、航空运输量数据来自 UN comtrad 数据库；货币自由度、金融自由度、贸易自由度数据来自 Index of Economic Freedom 数据库；政府清廉度数据来源于"政体民主度"数据库；是否具有已经生效的自由贸易协定数据来自商务部官方网站。具体情况如表 4-2 所示。

表 4-2　模型变量及数据来源

模型	符号	指标含义	数据来源
时变随机前沿引力模型	T_{ijt}	t 年 i 国（中国）针对 j 国（沿线 55 个国家）的出口量（万美元）	UN comtrad 数据库
	$PGDP_{it}$	出口国（中国）人均 GDP（美元）	
	$PGDP_{jt}$	进口国（沿线 55 个国家）人均 GDP（美元）	
	POP_{it}	中国人口总量（千人）	
	POP_{jt}	沿线 55 个国家人口总量（千人）	
	DIS_{ij}	中国和其他 55 个国家的地理距离（首都之间的距离）（千米）	CEPII 数据库
	X_{ij}	是否有临界国家	
		是否有共同语言	
贸易非效率模型	TRM_{it}	铁路总里程（千米）	UN comtrad 数据库
	AT_{it}	航空运输量（吨）	
	MON_{it}	货币自由度	全球遗产基金会与华尔街日报合作编制的 Index of Economic Freedom 数据库
	FIN_{it}	金融自由度	
	$TRAD_{it}$	贸易自由度	
	CPI_{it}	政府清廉度	"政体民主度"数据库
	FTA_{ijt}	是否具有已经生效的自由贸易协定	商务部网站

第三节　模型检验

在进行回归分析之前，本书将进行贸易非效率的存在性检验和贸易非效率的时变性检验，结果直接决定了本书采用的模型是否正确合理。

随机前沿贸易引力模型的模型结果精度与模型确定的函数形式高度相关。因此我们在进行模型结果估计之前，均首先要对模型的设定情况进行似然比假设检验：①贸易非效率的存在性检验；②贸易非效率的时变性检验。这两个检验对于该模型的合理性有重要的作用。时变随机前沿引力模型的检验结果如表4–3所示。

表4–3　随机前沿引力模型的似然比检验结果

原假设	约束模型	非约束模型	LR 统计量	1% 临界值	检验结论
不存在贸易非效率	–979.7658	–502.4867	954.5583	9.21	拒绝
贸易非效率不变化	–502.4867	–477.6860	49.6014	6.63	拒绝

根据表4–3的检验结果可以看到，在不存在贸易非效率的检验中，似然比检验的 LR 统计量的值远远大于1% 的临界值，因此拒绝了不存在贸易非效率的原假设，这说明本书采取随机前沿的方法用来估计贸易引力模型是非常合适的。与此同时，在贸易非效率不变化的检验中，似然比检验的 LR 统计量为49.6014，1% 临界值为6.63，LR 统计量的值大于1% 的临界值，因此拒绝了贸易非效率不随时间变化的原假设，说明在2001—2015 年的跨度内中国出口"一带一路"沿线国家的贸易效率随时间变化是在显著发生变化的，因此本书认为使用时变方法对贸易引力模型进行估计会更加适宜。

第四节 实证结果分析

一、时变随机前沿贸易引力模型结果估计

根据似然比假设检验的结果以及模型的设定形式，本书选择了 2001—2015 年"一带一路"沿线 55 个代表国家作为研究对象，对中国与这 55 个国家之间的出口贸易额进行了随机前沿贸易引力模型的估计，为了比较结果的稳健性，本书同时给出了时不变模型和时变模型的估计结果，结果如表 4-4 所示。

表 4-4 随机前沿模型估计结果

估计方法	时不变模型		时变模型	
变量	系数	t 值	系数	t 值
常数	80.0103***	79.0481	84.0013***	63.9095
$PGDP_{it}$	0.8820***	26.1895	0.5345***	7.3587
$PGDP_{jt}$	1.0471***	27.6871	0.7490***	15.4787
POP_{it}	−5.4805	−17.0394***	−5.5786	−36.0080***
POP_{jt}	0.8390***	12.7026	0.6956***	14.5732
DIS_{ij}	−1.5308***	−3.0847	−1.0407***	−4.3498
X_{ij}	0.7343**	2.0976	0.4316**	2.1699
σ^2	0.8069***	4.6054	0.4821***	7.2841
γ	0.8166***	27.1058	0.7036***	23.6847
μ	6235***	8.1779	1.1648***	7.9747
			0.0501***	8.4703
对数似然值	−502.4867		−477.6860	
LR 检验	954.5583		1 004.1596	

注：*、**、*** 分别表示 10%、5% 和 1% 显著性水平上显著。

根据表 4–4 的结果可以看到，时变模型的结果显示非常显著，表明贸易非效率项随时间变化，也再次证明了时变模型相比时不变模型更加适用；同时系数大于 0，说明贸易非效率项存在显著的随时间递增的变化，这意味着中国对"一带一路"沿线国家的贸易效率随时间变化提升，符合中国贸易的实际发展趋势。

随机前沿贸易引力模型的所有解释变量以及常数项均通过了 t 值的显著性检验，说明引力模型中的这 6 个指标均对被解释变量（中国向各国的出口额）具有较良好的解释力。

从影响中国对"一带一路"沿线国家出口的自然因素来看，出口国（中国）和进口国的人均 GDP（$PGDP_{it}$，$PGDP_{jt}$）都具有非常显著的正估计弹性，且中国经济本身的增长对出口的弹性为 0.8820，"一带一路"沿线 55 个代表国家的经济发展水平对中国对这些国家的出口贸易额的弹性为 1.0471。这说明随着中国以及"一带一路"沿线 55 个国家的经济发展水平的增高，对双方之间的出口贸易发展有较强的促进作用。

进出口国双方的人口总量在一定程度上表示了出口生产能力和进出口需求规模。出口国（也就是中国）的人口总量（POP_{it}）与中国向沿线国家的出口贸易额呈现显著负相关的关系。从对外贸易的需求和供给方面来说，出口国的人口总量一方面反映了出口国的生产水平，另一方面也显示出出口国的消费能力，然而，人们日益增加的物质文化需求，产业升级的困境，科技创新能力和专利权的保护，劳动力成本的上升，使得人口红利的作用越来越小，因此，总体而言当消费水平超过了同规模人口的生产水平，出口国人口规模越大，市场容量相应也会越大，导致国内的消费者需求增加，使得中国向别国的进口越多，相应的向沿线国家的出口贸易额也就会越少。进口国人口总量（POP_{jt}）与出口显著正相关，这说明进口国人口总量越大，对国外需求越大，中国出口沿线国家贸易量也就越大。

地理距离（DIS_{ij}）一直是贸易成本的重要组成部分，对出口产生了显著的负效应，距离弹性为 –1.5308，表明两个国家之间的地理距离所代表和表示的运输成本以及隐含的其他交易成本和阻力是阻碍两国之间的出口贸易的非常重要的指标和因素。

是否具有共同语言或临界国家（X_{ij}）这一虚拟变量的系数为 0.7343，说明共同的语言或者临界国家可以有效降低交易成本。相似相容的文化背景，有利于贸易双方之间的贸易往来；边界接壤更有利于经济、文化的交流，更容易带动运输业的发展，有利于提高中国对"一带一路"沿线国家的出口贸易额。

γ 表示的是随机前沿模型当中的贸易非效率项在随机扰动项中所占有的比重，从表 4-4 中可以看到，时不变贸易引力模型 γ 的值是 0.8166，而时变贸易引力模型中 γ 的值是 0.7036，说明贸易效率的误差项在总误差中占有过半的地位，同时 γ 值通过了 1% 的显著性检验，验证了是否存在贸易障碍的 LR 检验结果。这进一步表明了我国与"一带一路"沿线国家的实际贸易出口水平额和两国贸易的最大潜力值之间仍存在非常大的差距，同时，γ 的值也表明了这些差距在很大程度上是由于两国之间存在的贸易非效率。

二、贸易非效率模型结果估计

根据贸易非效率模型的设定形式，本书选择了 2001—2015 年"一带一路"沿线 55 个代表国家作为研究对象，在随机前沿贸易引力模型的基础上，对贸易非效率模型进行了估计，具体结果如表 4-5 所示。

表 4-5 贸易非效率模型估计结果

随机前沿函数			贸易非效率模型		
变量	系数	t 值	变量	系数	t 值
常数	229.8468**	1.8888	常数	4.2818***	7.8913
$PGDP_{it}$	1.4995***	4.4696	TRM_{it}	-0.2386×10^{-6}***	-0.0866
$PGDP_{jt}$	0.7051***	19.5337	AT_{it}	-0.1520×10^{-5}***	4.2379
POP_{it}	-16.6440**	-1.8897	MON_{it}	-0.0158***	-5.2089
POP_{jt}	1.0323***	35.3787	FIN_{it}	-0.8527×10^{-3}***	-0.4478

续表

随机前沿函数			贸易非效率模型		
DIS_{ij}	–1.0147***	–9.3079	$TRAD_{it}$	–0.0018***	–0.6002
X_{ij}	0.4702***	4.8309	CPI	–0.2109***	–7.6336
			FTA_{ijt}	0.0088***	–0.0879
σ^2	0.5411***	19.1585	γ	0.7446***	3.5853
对数似然值	–912.0867		LR 检验	135.3582	

注：*、**、*** 分别表示 10%、5% 和 1% 显著性水平上显著。

根据表 4-5 的贸易非效率模型的估计结果可以看出，γ 的值为 0.7446，表明贸易非效率项很大程度上影响了中国对"一带一路"沿线国家的出口额。

从各变量的估计结果来看，铁路总里程（TRM_{it}）的系数估计值为 -0.2386×10^{-6}，且在 1% 的显著性水平上显著，这也说明了铁路总里程与贸易非效率项呈反比，则与中国对"一带一路"沿线国家的出口额呈正比，意味着一国的交通设施的完善程度与一国的对外出口额有很大的关系，发达的交通设施更有利于对外贸易的发展。

航空运输量（AT_{it}）反映了一国的贸易便利程度，该变量也在 1% 水平上显著，且该变量的估计值为负数，也说明了航空运输量与一国的对外贸易呈正相关，航空运输量越大则一国的贸易便利度越高，贸易成本越低，这也会促进对外贸易的发展。

货币自由度（MON_{it}）的系数估计值为 –0.0158，且同样在 1% 的显著性水平下通过了检验，说明货币自由度与中国对"一带一路"沿线国家的出口额呈正相关，货币自由程度越高，中国对外的出口额将会越高。

金融自由度（FIN_{it}）的系数估计值为 -0.8527×10^{-3}，在 1% 的水平上显著，表明金融自由度对中国的对外贸易起促进作用，但是促进作用较小，金融自由度越高，该国的对外贸易水平越高。

贸易自由度（$TRAD_{it}$）与贸易非效率负相关，说明贸易的自由度水平对中国的对外贸易也有促进作用，但是系数值较小，仅为 –0.0018，表明贸易自由度对中国的对外贸易的影响有限。

政府清廉度（CPI_{it}）同样通过了 1% 的显著性检验，且与贸易非效率项负相关。这也表明了政府清廉度对中国的对外贸易有正向促进作用。一国的民主化水平越高，对外贸易也更容易发展。中国正处于快速发展时期中，因此民主水平在不断提高，对外贸易水平也在不断提高。

两国是否具有已经生效的自由贸易协定（FTA_{ijt}）的系数值为正数，但仅为0.0088，表明其对中国的对外贸易的影响较小，原因可能是"一带一路"倡议实施的时间较短，中国与"一带一路"沿线国家签订的自由贸易协定的数量还较少，因此对中国的对外贸易的影响有限。

三、出口贸易效率分析

本书通过采用 Frontier 软件对时变随机前沿贸易引力模型的估计结果以及在一步法的基础上建立起来的加入了贸易非效率项的影响因素的模型，从而获得了关于中国与"一带一路"沿线 55 个代表国家之间的 15 年间的平均出口贸易效率的两组模型估计值，模型研究的时间序列是从 2001 年到 2015 年，选取了 55 个"一带一路"沿线的代表国家为样本。当两国之间存在着贸易非效率项的时候，$TE_{ijt} \in (0, 1)$，一般而言，TE_{ijt} 的数值越高，则说明两国之间的贸易效率会越高，也就是说两个贸易伙伴国之间进行出口贸易的水平（即贸易额）越会接近最大贸易潜力，同样的，TE_{ijt} 的数值越低，则说明两国之间代表的贸易效率就会越低，也就是说两个贸易伙伴国之间进行出口贸易的潜力会越高，可开发的贸易空间就越大。

1. 随机前沿贸易引力模型的贸易效率分析

从国别角度的贸易效率大小来分类，根据贸易效率的平均水平 0.5，将0.4~0.6 的国别贸易效率看作与中国中档的贸易出口关系，0.6 以上的看作高水平贸易出口关系，0.4 以下的则视为较低层次的贸易出口关系，0.2 以下的国家归为最低层次。本书利用随机前沿贸易引力模型计算得到的 2001—2015 年的中国平均贸易效率结果，如表 4-6 所示（具体的每年出口效率结果见附表五）。

表 4-6 随机前沿引力模型下中国对"一带一路"沿线国家的贸易效率

排名	国家	贸易效率值	排名	国家	贸易效率值
1	阿联酋	0.6696	29	巴基斯坦	0.1864
2	吉尔吉斯斯坦	0.6396	30	希腊	0.1773
3	新加坡	0.4982	31	保加利亚	0.1651
4	约旦	0.4903	32	克罗地亚	0.1648
5	马来西亚	0.4816	33	拉脱维亚	0.1555
6	匈牙利	0.4393	34	印度	0.1554
7	埃及的西奈半岛	0.3752	35	立陶宛	0.1533
8	泰国	0.3642	36	塔吉克斯坦	0.1478
9	越南	0.3615	37	斯洛文尼亚	0.1458
10	也门	0.3565	38	科威特	0.1343
11	乌克兰	0.3383	39	乌兹别克斯坦	0.1302
12	柬埔寨	0.3341	40	斯洛伐克	0.1256
13	捷克	0.2958	41	土库曼斯坦	0.1211
14	伊朗	0.2888	42	巴林	0.1208
15	沙特阿拉伯	0.2854	43	阿塞拜疆	0.1021
16	斯里兰卡	0.271	44	波黑	0.0985
17	黎巴嫩	0.2581	45	老挝	0.0958
18	孟加拉国	0.255	46	尼泊尔	0.0957
19	以色列	0.2535	47	阿尔巴尼亚	0.0932
20	波兰	0.2464	48	蒙古	0.0897
21	土耳其	0.2445	49	阿曼	0.0879
22	俄罗斯	0.2417	50	格鲁吉亚	0.074
23	缅甸	0.2337	51	印度尼西亚	0.0677
24	哈萨克斯坦	0.2134	52	卡塔尔	0.0625
25	塞浦路斯	0.2077	53	白俄罗斯	0.054
26	菲律宾	0.2041	54	摩尔多瓦	0.0524
27	爱沙尼亚	0.2005	55	亚美尼亚	0.0343
28	罗马尼亚	0.1994		整体平均水平	0.2243

由表 4-6 可知中国与沿线国家的贸易效率水平参差不齐，体现了"一带一

路"沿线国家不均衡的贸易分布。具体来看,中国高水平贸易出口的国家只有阿联酋(西亚)和吉尔吉斯斯坦(中亚)。其中中国出口阿联酋的贸易效率最高,1984 年,中国与阿拉伯联合酋长国建立友好的外交关系,两国之间的贸易往来和贸易合作发展非常顺利。因此,2001—2015 年我国出口阿联酋的贸易效率值达到 0.6696,远超过一带一路沿线国家整体平均水平 0.2243。中吉两国人民世代毗邻而居,友好往来源远流长,同时是互利合作的好伙伴,两国经济各具特色,优势互补,合作潜力巨大,前景广阔。两国不断地加快并推进在"一带一路"倡议和框架下的各个行业以及各个领域的深入和务实的合作,进一步促进了中国和吉尔吉斯斯坦两国之间的国际产能合作。除此之外,伴随着中国的经济发展水平越来越高,吉尔吉斯斯坦共和国的民间逐渐开始出现了对中国语言文字学习的强烈需求,从 2008 年开始,中国在吉尔吉斯斯坦共和国创立了两所用来教授汉语言、学习汉文化的孔子学院。经济上的优势互补、历史和文化上的相似相容性也使得过去 15 年间我国和吉尔吉斯斯坦的贸易效率较高。因此,中国应继续保持与阿联酋和吉尔吉斯斯坦之间的友好贸易往来,继续多行业、多方位、多形式地开拓出口贸易。中档的中国出口贸易关系的国家为新加坡(东盟)、约旦(西亚)、马来西亚(中东盟)和匈牙利(中东欧),中国与这 4 个国家的出口仍具有较大的贸易开发空间,应该在保持当前贸易效率的基础上,更高水平地开拓贸易。而低层次贸易出口关系的国家有 21 个,说明这些国家与中国的贸易出口具有非常大的贸易开发空间,应该重点考察各个国家的政治经济形势和对外贸易关系,加大力度扩展出口贸易。最低层次贸易出口关系的国家有 28 个,其中亚美尼亚的贸易效率最低,仅有 0.0343,这说明中国和亚美尼亚之间有更大的贸易空间可以开发。亚美尼亚经济容量小、资源匮乏,欧盟、独联体是其两大贸易伙伴,同时其外债和融资成本不断攀升,导致我国在 2001—2015 年与其的贸易效率低下;2015 年 1 月 2 日,亚美尼亚正式加入了以俄罗斯为主导的致力于欧亚一体化发展的欧亚经济联盟,中国应借此机会开始巩固并增强同亚美尼亚共和国在经济水平发展方向、贸易往来和贸易合作方向以及政治发展各个领域之间的良好的合作关系。

从不同的地区来看，中国对不同地区的贸易效率值存在较大的区别，具体情况如表 4-7 所示。

表 4-7 随机前沿引力模型下中国对不同地区的贸易效率

排名	地区	贸易效率
1	东盟	0.2934
2	西亚	0.2675
3	中亚	0.2504
4	南亚	0.1927
5	中东欧	0.1910
6	独联体	0.1281
7	东亚	0.0897

根据表 4-7 的结果可以看出，从分地区的贸易效率来看，贸易效率从大到小排序分别为东盟、西亚、中亚、南亚、中东欧、独联体、东亚。中国和东南亚国家联盟地理位置毗邻，历史文化交融，友谊历久弥新，资源禀赋各具优势，产业之间互补性强，贸易合作的潜力是非常巨大的。与此同时，中国和东南亚联盟国家的资源禀赋各自具有不可替代的长处和优势，而且互相之间的产业结构各自具有不同的特点，产业之间的互补性非常强，中国和东南亚联盟国家在各个领域和各个方面的贸易往来和贸易合作的潜力是非常巨大的。除了地域和经济上的关系之外，中国和东南亚联盟国家之间对于处理和解决国际上的相关社会事务方面，互相之间一直都持有非常广泛的共同语言，同时会维护彼此之间的共同利益，且都有稳定和增长国家的经济发展水平和状况的这一共同愿望。自从 1978 年改革开放以来，中国一直在不断地积极改善同时有效地发展与东南亚联盟国家的成员国之间的合作上和贸易上的友好关系，这些举措都在一定程度上发展并增强了相互之间在政治平台上和在经济领域内的关系，特别是自从 1991 年我国正式和东南亚联盟国家之间建立了贸易对话伙伴关系以来，彼此之间的贸易往来和合作关系更是进入了一个崭新且具有较大潜力的发展阶段。2010 年，中国—东南亚联盟国家自由贸易区全面启动，一举成为目前在世

界上拥有最多人口的自贸区，彼此之间的贸易总额更是占到了世界贸易总额的13%，同时也是发展中国家间至今为止拥有的最大的自由贸易区。因此，中国向东南亚联盟国家的出口贸易的贸易效率是7个地区当中最高的。然而按分区的平均贸易效率来看，均处于较低层次及低层次阶段，说明我国向各区的出口贸易仍然具有非常大的空间。

2. 贸易非效率模型的贸易效率分析

根据贸易非效率模型也可以计算得到中国对"一带一路"沿线国家的贸易效率，具体贸易效率值如表4-8所示（具体的每年出口效率值见附表六）。

表4-8　贸易非效率模型下中国对"一带一路"沿线国家的贸易效率

排名	国家	贸易效率值	排名	国家	贸易效率值
1	阿联酋	0.5014	29	希腊	0.1166
2	新加坡	0.4647	30	哈萨克斯坦	0.114
3	吉尔吉斯斯坦	0.3922	31	越南	0.1077
4	约旦	0.3364	32	波黑	0.1072
5	塞浦路斯	0.3155	33	罗马尼亚	0.106
6	爱沙尼亚	0.2669	34	阿曼	0.1054
7	匈牙利	0.2655	35	卡塔尔	0.1026
8	以色列	0.2132	36	阿尔巴尼亚	0.0902
9	马来西亚	0.2049	37	伊朗	0.0892
10	捷克	0.1984	38	土库曼斯坦	0.0879
11	黎巴嫩	0.1976	39	土耳其	0.0854
12	斯洛文尼亚	0.1917	40	格鲁吉亚	0.0853
13	巴林	0.1772	41	蒙古	0.0848
14	拉脱维亚	0.1736	42	缅甸	0.0737
15	立陶宛	0.1626	43	阿塞拜疆	0.0733
16	柬埔寨	0.1616	44	孟加拉国	0.0664
17	克罗地亚	0.1475	45	菲律宾	0.0664
18	科威特	0.1465	46	老挝	0.0647
19	也门	0.1458	47	乌兹别克斯坦	0.0597

续表

排名	国家	贸易效率值	排名	国家	贸易效率值
20	沙特阿拉伯	0.139	48	俄罗斯	0.0562
21	斯里兰卡	0.1284	49	摩尔多瓦	0.0534
22	保加利亚	0.1283	50	巴基斯坦	0.0505
23	斯洛伐克	0.1281	51	尼泊尔	0.0474
24	乌克兰	0.1254	52	白俄罗斯	0.0409
25	泰国	0.1252	53	亚美尼亚	0.0407
26	塔吉克斯坦	0.1245	54	印度	0.0238
27	波兰	0.12	55	印度尼西亚	0.0184
28	埃及的西奈半岛	0.1189		整体平均水平	0.1422

　　根据表 4-8 的结果可以看到，中国对"一带一路"沿线国家的贸易效率水平之间相差较大，贸易效率最高的是中国对阿联酋的出口贸易效 0.5014，最低的为中国对印度尼西亚的贸易效率，仅为 0.0184。2001—2015 年中国对"一带一路"沿线国家的平均贸易效率为 0.1422，这也表明了中国对"一带一路"沿线国家的出口贸易水平仍然存在较大的出口潜力。

　　从总体贸易效率来看，在贸易非效率模型下中国对"一带一路"沿线国家的贸易效率水平较低，贸易效率值均小于 0.6，说明中国对"一带一路"沿线国家不存在高水平的贸易关系，均处于较低的出口贸易水平。处于中档层次的出口贸易水平的国家有 2 个国家，分别为阿联酋和新加坡；较低层次的出口贸易水平的国家有 7 个国家；剩下的 46 个国家的出口贸易水平处于最低层次。其中，中国与阿联酋和新加坡之间一直保持很好的贸易伙伴关系，因此双方的贸易发展水平较高。在较低层次的出口贸易水平关系中，最高的贸易效率值是 0.3922，为中国对吉尔吉斯斯坦的出口贸易水平；最低的贸易效率值为中国对马来西亚的 0.2049。最低层次的出口贸易水平的国家数量最多，26 个国家在 0.1~0.2 的水平，20 个国家在 0.1 水平以下。由此也可以看到中国与大多数"一带一路"沿线国家的出口贸易效率仍然处于很低的水平，这也说明了中国对"一带一路"沿线国家的出口贸易仍然有很大的发展潜力，具有很大的发展空间。接下来本书将对中国对不同地区的贸易效率进行分析，具体结果如表4-9所示。

表4-9 贸易非效率模型下中国对不同地区的贸易效率

排名	地区	贸易效率
1	中亚	0.1861
2	东亚	0.1605
3	中东欧	0.1557
4	西亚	0.1430
5	东盟	0.0848
6	独联体	0.0679
7	南亚	0.0633

根据表4-9的中国对不同地区的贸易效率结果可以看到，中国对中亚、东亚、中东欧、西亚、东盟、独联体、南亚这7个地区的出口贸易效率均比较低，最高的是中国对中亚地区的贸易效率值为0.1861，仍然是很低的水平；出口贸易效率最低的是中国对南亚的0.0633。中国与东南亚地区的国家的距离较近，且与许多东南亚国家的发展历程类似，中国正在积极与东南亚国家共同建设共同自由贸易区，如中国—东盟自由贸易区等。通过贸易非效率模型计算得到的中国对各地区的贸易效率结果来看，中国对东南亚的出口贸易效率比较低，这说明中国对东南亚国家的出口贸易效率仍然有较大的提升空间。

四、出口贸易潜力分析

1. 随机前沿引力模型下的中国对外出口贸易潜力

根据随机前沿贸易引力模型计算得到的出口贸易效率，可以进一步计算中国对"一带一路"沿线国家的出口贸易潜力，贸易潜力的大小等于中国对某一国的实际出口额与贸易效率的比值，具体公式如（4-10）所示。

$$T^*_{ijt} = \frac{T_{ijt}}{TE_{ijt}} \tag{4-10}$$

其中，T^*_{ijt} 是指在 t 年中国对"一带一路"沿线国家的出口贸易潜力，T_{ijt} 是指在 t 年中国对"一带一路"沿线国家的实际出口额，TE_{ijt} 是指贸易效率。由此得到的 2015 年中国对"一带一路"沿线国家的贸易潜力，如表 4–10 所示。

表 4–10 时变随机前沿 2015 年中国对"一带一路"国家的贸易潜力

国家	贸易潜力（万美元）	贸易效率	拓展（万美元）
阿联酋	4 897 217.41	0.7561	1 194 228.88
吉尔吉斯斯坦	584 998.76	0.7323	156 614.73
新加坡	8 472 625.32	0.6138	3 271 796.28
约旦	564 667.18	0.6069	221 988.64
马来西亚	7 341 674.20	0.5992	2 942 648.52
匈牙利	926 340.68	0.5611	406 537.52
埃及的西奈半岛	2 386 763.71	0.5011	1 190 731.59
泰国	7 806 733.05	0.4905	3 977 405.51
越南	13 553 775.74	0.4879	6 941 384.35
也门	296 443.08	0.4830	153 251.50
乌克兰	756 154.23	0.4651	404 495.86
柬埔寨	816 837.80	0.4609	440 343.52
捷克	1 950 039.47	0.4218	1 127 418.63
伊朗	4 291 584.33	0.4145	2 512 533.96
沙特阿拉伯	5 261 207.24	0.4110	3 098 923.41
斯里兰卡	1 087 780.96	0.3958	657 279.35
黎巴嫩	598 555.41	0.3819	369 938.57
孟加拉国	3 672 427.44	0.3785	2 282 298.49
以色列	2 286 094.28	0.3769	1 424 417.09
波兰	3 885 824.97	0.3692	2 451 249.74
土耳其	5 071 528.04	0.3671	3 209 808.03
俄罗斯	9 556 163.88	0.3640	6 077 722.91
缅甸	2 719 520.94	0.3550	1 754 060.39
哈萨克斯坦	2 542 124.96	0.3321	1 697 933.03
塞浦路斯	181 236.49	0.3254	1 22 262.44

国家	贸易潜力（万美元）	贸易效率	拓展（万美元）
菲律宾	8 309 094.33	0.3212	5 639 824.36
爱沙尼亚	300 766.87	0.3170	205 418.24
罗马尼亚	1 001 714.65	0.3157	685 427.09
巴基斯坦	5 476 469.03	0.3004	3 831 429.41
希腊	1 266 926.88	0.2893	900 365.36
保加利亚	380 466.81	0.2744	276 085.23
克罗地亚	359 794.24	0.2739	261 234.59
拉脱维亚	390 059.62	0.2623	287 737.53
印度	22 212 530.31	0.2622	16 388 513.26
立陶宛	465 682.80	0.2595	344 851.37
塔吉克斯坦	711 469.80	0.2526	531 786.85
斯洛文尼亚	836 898.85	0.2499	627 744.77
科威特	1 606 103.49	0.2349	1 228 774.79
乌兹别克斯坦	971 967.50	0.2295	748 947.92
斯洛伐克	1 251 203.28	0.2234	971 694.81
土库曼斯坦	376 066.66	0.2173	294 365.79
巴林	466 597.89	0.2169	365 391.50
阿塞拜疆	230 248.31	0.1907	186 336.65
波黑	206 986.87	0.1856	168 570.60
老挝	675 251.61	0.1817	552 537.29
尼泊尔	459 528.50	0.1815	376 103.52
阿尔巴尼亚	241 948.01	0.1779	198 910.01
蒙古	910 335.83	0.1727	753 119.10
阿曼	1 244 011.67	0.1702	1 032 325.62
格鲁吉亚	516 065.14	0.1490	439 184.90
印度尼西亚	24 710 344.75	0.1390	21 276 121.79
卡塔尔	1 743 156.07	0.1306	1 515 467.24
白俄罗斯	643 050.57	0.1166	568 097.05
摩尔多瓦	87 802.09	0.1138	77 806.55
亚美尼亚	139 576.34	0.0814	128 213.01

　　根据表 4-10 的结果可以看到，2015 年中国对"一带一路"沿线国家的出口贸易潜力均比较大，阿联酋的贸易效率最高，也就是贸易潜力最小，也有 1 194 228.88 万美元的拓展空间；贸易潜力最大的是中国对亚美尼亚的出口，2015 年中国对亚美尼亚的贸易效率仅为 0.0814，中国对印度尼西亚的出口贸易拓展空间达到了 128 213.01 万美元。为进一步考量中国对不同地区的贸易潜力，本书计算了 2015 年中国对不同地区的贸易潜力值，具体如表 4-11 所示。

表 4-11　时变随机前沿模型下 2015 年中国对各地区的贸易潜力

地区	贸易潜力（万美元）	贸易效率	拓展（万美元）
东盟	8 267 317.53	0.455	5 199 569.11
西亚	2 144 139.54	0.3777	1 236 027.24
中亚	1 037 325.54	0.3527	685 929.66
南亚	6 581 747.25	0.3037	4 707 124.80
中东欧	938 286.70	0.2994	616 375.39
独联体	1 704 151.51	0.2115	1 125 979.56
东亚	910 335.83	0.1727	753 119.10

　　由表 4-11 可知，总体来说中国对东盟、西亚、中亚、南亚、中东欧、独联体和东亚地区的贸易潜力均很大。中国对东亚的出口贸易效率只有 0.1727，贸易潜力达到了 910 335.83 万美元，其中的拓展空间为 753 119.10 万美元，拓展空间约为 83%；中国对东盟地区的贸易潜力最小，贸易效率为 0.4055，拓展空间也达到了 60%。为了进一步看出 2001—2015 年中国对各地区的贸易潜力变化情况，本书计算出了随机前沿模型下各地区的贸易效率变化情况，如图 4-1 所示。

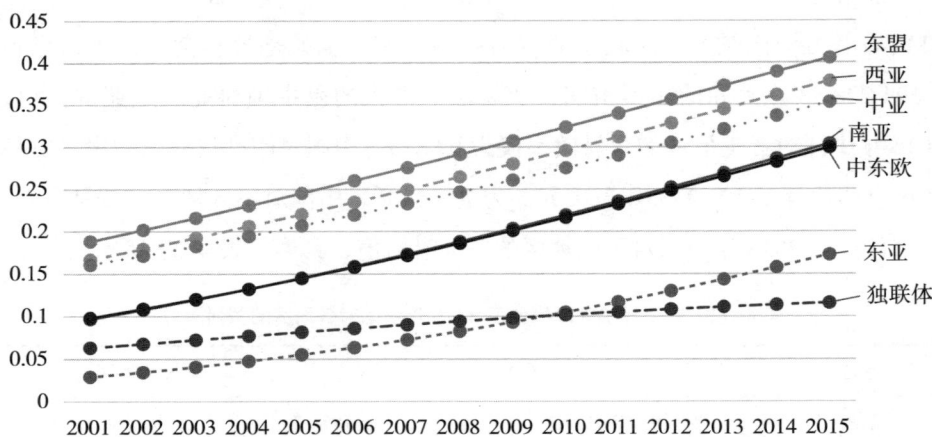

图 4-1　随机前沿模型下中国对各地区的贸易效率变化

　　如图 4-1 所示，总体来看，我国对"一带一路"各地区的贸易效率水平逐年提高，呈现上升态势，这说明中国对 7 个地区的出口贸易水平是在逐年增加的，双方贸易合作关系越来越良好。其中，中国对东盟地区的贸易效率增长最快变化最大，2001—2015 年间中国对东盟的出口贸易效率一直稳步较快增长，由 0.19 增长到了 0.41，说明在这 15 年间里中国向东盟地区的出口贸易水平大大提高。贸易效率变化最平稳的是独联体，由 2001 年的 0.06 增长至 2015 年的 0.12。

　　2. 贸易非效率模型下的中国对外出口贸易潜力

　　通过贸易非效率模型计算得到的出口贸易效率，可以进一步计算中国对"一带一路"沿线国家的出口贸易潜力，贸易潜力的大小等于中国对某一国的实际出口额与贸易效率的比值。由此得到 2015 年中国对"一带一路"沿线国家的贸易潜力，如表 4-12 所示。

表 4–12　贸易非效率下 2015 年中国对"一带一路"沿线国家的贸易潜力

国家	贸易潜力（万美元）	贸易效率	拓展（万美元）
阿联酋	9 929 406.96	0.3729	6 226 418.43
新加坡	14 475 631.86	0.3593	9 274 802.81
吉尔吉斯斯坦	1 397 543.85	0.3065	969 159.82
斯洛文尼亚	782 686.05	0.2672	573 531.97
约旦	1 284 938.57	0.2667	942 260.02
捷克	3 773 172.29	0.2180	2 950 551.45
爱沙尼亚	442 499.54	0.2155	347 150.91
以色列	4 415 595.75	0.1951	3 553 918.56
塞浦路斯	322 545.50	0.1828	263 571.45
匈牙利	2 862 504.14	0.1816	2 342 700.98
黎巴嫩	1 291 653.32	0.1770	1 063 036.48
科威特	2 142 803.34	0.1761	1 765 474.63
马来西亚	25 198 901.62	0.1746	20 799 875.95
拉脱维亚	599 993.92	0.1705	497 671.83
柬埔寨	2 229 272.80	0.1689	1 852 778.52
斯洛伐克	1 688 137.98	0.1656	1 408 629.51
巴林	647 011.03	0.1564	545 804.64
立陶宛	823 198.80	0.1468	702 367.36
沙特阿拉伯	14 828 022.90	0.1458	12 665 739.06
波兰	10 006 786.66	0.1434	8 572 211.42
塔吉克斯坦	1 282 488.20	0.1401	1 102 805.24
格鲁吉亚	552 328.72	0.1392	475 448.48
越南	50 196 769.90	0.1317	43 584 378.52
阿曼	1 644 017.43	0.1288	1 432 331.38
阿尔巴尼亚	345 504.88	0.1246	302 466.88
泰国	31 739 944.93	0.1206	27 910 617.38
克罗地亚	876 156.86	0.1125	777 597.21
埃及的西奈半岛	10 786 384.98	0.1109	9 590 352.86
斯里兰卡	3 895 865.98	0.1105	3 465 364.37

国家	贸易潜力（万美元）	贸易效率	拓展（万美元）
卡塔尔	2 062 564.93	0.1104	1 834 876.10
希腊	3 536 544.67	0.1036	3 169 983.16
波黑	390 718.79	0.0983	352 302.52
保加利亚	1 067 826.04	0.0978	963 444.46
伊朗	20 018 241.41	0.0889	18 239 191.05
乌克兰	3 996 371.34	0.0880	3 644 712.97
也门	1 692 355.57	0.0846	1 549 163.99
土耳其	23 256 423.25	0.0801	21 394 703.24
缅甸	12 157 223.82	0.0794	11 191 763.27
罗马尼亚	4 007 487.80	0.0789	3 691 200.23
哈萨克斯坦	12 163 035.66	0.0694	11 318 843.72
老挝	1 862 025.14	0.0659	1 739 310.82
孟加拉国	21 411 942.45	0.0649	20 021 813.50
菲律宾	41 165 574.63	0.0648	38 496 304.67
土库曼斯坦	1 368 709.51	0.0597	1 287 008.64
蒙古	2 732 541.15	0.0575	2 575 324.42
乌兹别克斯坦	4 228 511.17	0.0527	4 005 491.58
巴基斯坦	31 322 454.56	0.0525	29 677 414.94
摩尔多瓦	194 668.58	0.0513	184 673.04
白俄罗斯	1 511 135.32	0.0496	1 436 181.80
俄罗斯	80 331 558.18	0.0433	76 853 117.20
亚美尼亚	278 521.01	0.0408	267 157.68
阿塞拜疆	1 308 797.08	0.0336	1 264 885.42
尼泊尔	2 829 505.60	0.0295	2 746 080.61
印度	262 979 580.17	0.0221	257 155 563.12
印度尼西亚	277 226 107.13	0.0124	273 791 884.17

由表4-12的结果可知，2015年中国对"一带一路"沿线国家的出口贸易潜力均比较大，贸易潜力最小的是阿联酋，也有6 226 418.43万美元的拓展空间；贸易潜力最大的是中国对印度尼西亚的出口，2015年中国对印度尼

西亚的贸易效率仅为 0.0124，中国对印度尼西亚的出口贸易拓展空间达到了 273 791 884.17 万美元。为进一步考量中国对不同地区的贸易潜力，本书计算了 2015 年中国对不同地区的贸易潜力值，具体如表 4-13 所示。

表 4-13　2015 年中国对不同地区的贸易潜力

地区	地区贸易潜力（万美元）	贸易效率	贸易拓展（万美元）
西亚	6 523 900.64	0.1587	5 615 788.34
中东欧	2 128 205.67	0.1554	1 806 294.37
东盟	50 694 605.76	0.1309	47 626 857.35
中亚	4 088 057.68	0.1257	3 736 661.80
独联体	12 596 197.17	0.0637	12 018 025.23
东亚	2 732 541.15	0.0575	2 575 324.42
南亚	64 487 869.75	0.0559	62 613 247.31

根据表 4-13 的结果可知，总体来说，中国对西亚、中东欧、东盟、中亚、独联体、东亚和南亚地区的贸易潜力均很大。中国对南亚的出口贸易效率只有 0.0559，贸易潜力达到了 64 487 869.75 万美元，其中的拓展空间为 62 613 247.31 万美元，拓展空间约为 94%；中国对西亚地区的贸易潜力最小，贸易效率仅为 0.1587，拓展空间也达到了 84%。为了进一步看出 2001—2015 年中国对各地区的贸易潜力变化情况，本书计算出了贸易非效率模型下各地区的贸易效率变化情况，如图 4-2 所示。

总体来看，我国对"一带一路"各地区的贸易效率水平处于不断变化中，其中，中国对东亚、南亚、独联体的出口贸易效率变化较平稳，且贸易效率水平较低，均在 0.1 以下。中国对这 7 个地区的贸易效率均在 2008 年出现较大幅度的下跌，很大可能是由 2008 年的金融危机引起的。中国对中亚地区的贸易效率变化最大，2001—2008 年中国对中亚的出口贸易效率一直稳步增长，由 0.05 增长到了 0.25，说明在这段时间里中国对中亚地区的出口贸易水平大大提高了；而 2009—2015 年，中国对中亚地区的出口贸易效率逐步降低到了 0.126。中国对西亚地区的贸易效率在 2006—2015 年也处于逐步下降的趋势中。时变随机前沿贸易引力模型得到的中国对各地区的贸易效率基本是上升的趋势，而贸易非效率模型计算得到的贸易效率的变化趋势则是不断下降的，这主要受到了贸易非效率项的影响，货币自由度、金融自由度、贸易自由度等人为因素的影响使得中国对"一带一路"沿线地区的贸易效率在 2008 年以后出现了下跌的趋势。

五、小结

1. 随机前沿模型小结

时变随机前沿模型的结果表明：① 2001—2015 年中国对"一带一路"沿线国家的贸易非效率在逐渐减少，这意味着"一带一路"的贸易效率在逐渐提升；②出口国（中国）和进口国的人均 GDP、进口国的人口总量与出口水平正相关，而且出口国（中国）的人口总量以及贸易双方的地理距离与出口水平负相关。③具有共同的语言或临界国家在一定程度上有利于中国对"一带一路"沿线国家之间的出口贸易。④我国与"一带一路"沿线国家的实际贸易出口水平额和两国贸易的最大潜力值之间仍存在非常大的差距，而这些差距在很大程度上是由于两国之间存在贸易非效率。

从国别角度的贸易效率分类，根据贸易效率的平均水平 0.5，将 0.4~0.6 的国别贸易效率看作与中国中档的贸易出口关系，0.6 以上的看作高水平的贸易出口关系，0.4 以下的则视为较低层次的贸易出口关系，0.2 以下的国家归为最低层次。具体来看，中国高水平贸易出口的国家只有阿联酋（西亚）和吉尔吉斯斯坦（中亚）。其中中国出口阿联酋的贸易效率最高。中档的中国出口贸易关系的国家为新加坡（东盟）、约旦（西亚）、马来西亚（中东盟）和匈牙利（中东欧），中国与这 4 个国家的出口仍具有较大的贸易开发空间，应该在保持当前贸易效率的基础上，更高水平地开拓贸易。而低层次贸易出口关系的国家有 21 个，说明这些国家与中国的贸易出口具有非常大的贸易开发空间，应该重点考察各个国家的政治经济形势和对外贸易关系，加大力度扩展出口贸易。

最低层次的贸易出口关系的国家有 28 个，其中亚美尼亚的贸易效率最低，仅有 0.0343，这说明中国和亚美尼亚之间有更大的贸易空间可以开发。从分地区的贸易效率来看，中国出口东盟贸易效率最高，但仍处于较低层次的贸易出口，应继续加强贸易往来。

2. 贸易非效率模型小结

贸易非效率模型的结果表明：①进口国（"一带一路"沿线国家）的铁路总里程、航空运输量、货币自由度、金融自由度、贸易自由度、政府清廉度与出口国（中国）的出口贸易水平正相关；②两国是否具有已经生效的自由贸易协定对出口国的出口贸易水平影响较小；③我国对"一带一路"沿线国家的出口贸易效率仍然处于较低的水平，有较大的出口贸易潜力。

从中国对不同国家的贸易效率来看，我国对"一带一路"沿线国家的贸易效率超过 0.4 的仅有阿联酋和新加坡，而有 46 个国家的贸易效率值在 0.2 以下，这也表明了中国对"一带一路"沿线国家的出口贸易效率仍然处于很低的水平，有很大的出口贸易发展空间，而"一带一路"倡议的实施将会在很大程度上提高中国对这些国家的出口贸易水平。从中国对不同地区的贸易效率来看，中国对中亚地区的贸易效率水平最高，因此中国应该加强对中亚地区的贸易联系，继续提升中国对中亚地区的出口贸易水平；中国对南亚地区的出口贸易效率水平最低，仅为 0.0633，仍然有很大的发展潜力；总体来看，中国对不同地区的出口贸易效率仍然处于较低的水平，还有较大的出口贸易潜力。

3. 结论

本书通过建立时变随机前沿贸易引力模型和贸易非效率模型研究了中国对"一带一路"沿线国家的出口贸易效率和出口潜力，通过这两个模型的估计和对 2001—2015 年的贸易效率计算对比，本书的结论主要有以下几点。

（1）在影响对外出口贸易效率的自然因素中，出口国（中国）和进口国的人均 GDP、进口国的人口总量、是否具有共同的语言或共同的边界对中国的出口贸易效率正相关，出口国（中国）的人口总量以及贸易双方的地理距离与出口水平负相关；在影响对外出口贸易效率的人为因素中，进口国（"一带一路"

沿线国家）的铁路总里程、航空运输量、货币自由度、金融自由度、贸易自由度、政府清廉度与出口国（中国）的出口贸易效率正相关，两国是否具有已经生效的自由贸易协定对出口国的出口贸易效率的影响较小。

（2）通过时变随机前沿贸易引力模型计算得到的中国对"一带一路"沿线国家的出口贸易效率的水平比贸易非效率模型计算得到的贸易效率值更高，说明中国对"一带一路"沿线国家的出口贸易效率水平更多地受到人为因素的影响。

（3）2001—2015年中国对"一带一路"沿线国家的出口贸易效率总体上处于较低的水平，中国对"一带一路"沿线国家的出口贸易潜力仍然很大。中国对东亚、南亚、独联体地区的出口贸易效率水平仍然很低，有很大的出口发展空间。

（4）在促进中国对"一带一路"沿线国家的出口贸易水平方面，可以采取提高进口国的贸易便利度，提升两国的自由贸易程度，改善两国的政府清廉度等措施。

第五章 "一带一路"倡议对中国的经济影响
分析——基于 GTAP 模型的预测

本章运用普渡大学开发的全球贸易分析模型（GTAP）来研究中国同一带一路沿线国家之间的贸易潜力，GTAP 模型主要用于政策变动时各类经济指标的前瞻性预测。在本章的研究中，按照不同的关税壁垒和技术性贸易壁垒削弱程度来研究中国同"一带一路"沿线国家在 GDP、社会福利水平、贸易条件、进出口以及各产业产出的变动情况。在此研究基础上，本书还将继续探索"一带一路"倡议进一步推进的思路，为我国同"一带一路"国家之间经贸关系的强化提供思路，本章研究的技术路线图如下。

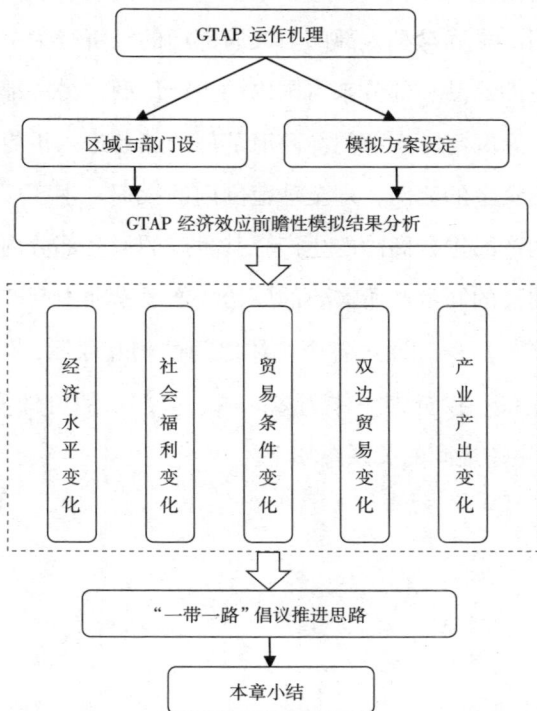

图 5-1 "一带一路"贸易前瞻性研究技术路线图

第一节　GTAP运作机理

　　GTAP（global trade analysis project，简称GTAP）模型属于可计算一般均衡模型，由普渡大学教授Thomas W. Hertel领导的全球贸易分析中设计研发，主要用于贸易政策变化的定量分析。相比于其他模型，GTAP能够通过对政策变化的模拟来测度其对经济水平、社会福利、贸易条件、进出口贸易额以及各产业产出变化的影响，即其更多地用于对未来经贸发展的预测和前瞻性研究。

　　GTAP模型的经济主体主要有家庭与私人部门、政府部门、生产厂商、世界银行、运输部门以及世界其他地区，其中运输部门主要是通过商品的流通沟通其他的各个部门。家庭与私人部门与政府部门的经济行为主要有消费和储蓄两种，其中其消费的商品一部分来自国内的生产厂商，另一部分来自世界其他地区的生产厂商；家庭与私人部门与政府部门的储蓄进入世界银行，国际银行在全球范围内控制资金的流向，即全球范围内的投资。生产厂商主要是利用原始生产要素和中间产品进行商品的生产，其生产的商品部分内销，部分出口到世界其他地区，同样的同生产所需要的原始生产要素和中间产品部分来自国内厂商，部分来自国外厂商。通过各个主体之间的相互联系，GTAP模型构筑了集生产、消费、储蓄、投资为一体的多区域、多部门的可计算一般均衡模型。GTAP模型各经济主体之间的关系图如下。

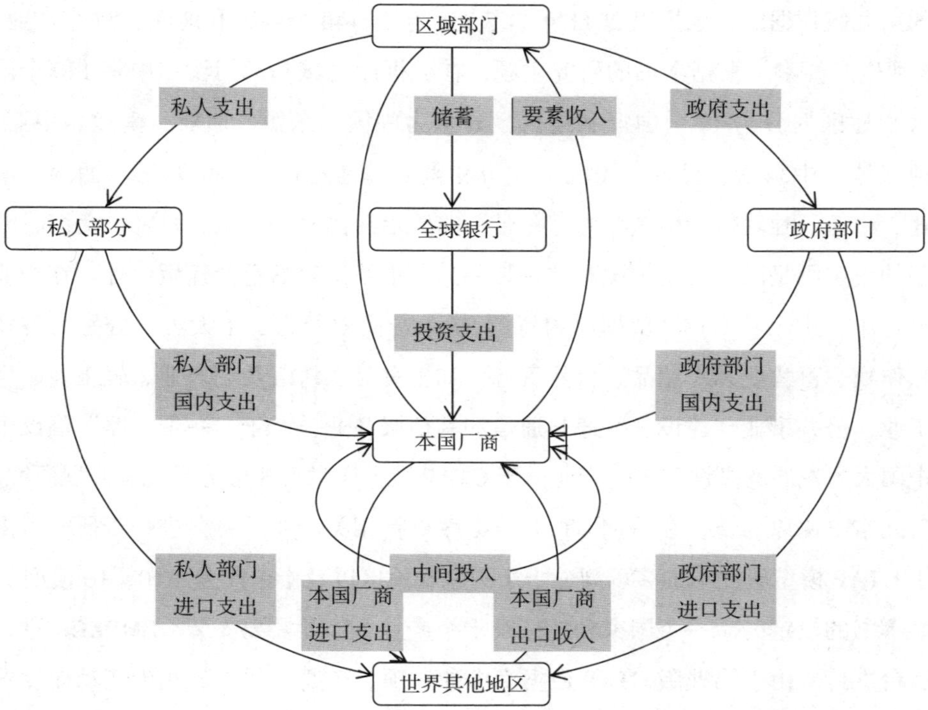

图 5-2 GTAP 模型结构原理图

由于 GTAP 模型包含主程序（RunGTAP）和数据库（GTAPAgg）两个部分，GTAP 模型数据库包含了全球各个地区的进出口、经济水平、产业产出等各类真实经济数据，其数据主要来源于各国的投入产出表（I-O 表），这大大节省了研究者查找数据的时间，提高了研究工作的效率。GTAP 模型的主程序基于新古典经济理论设定了一系列的经济方程，此外还用于设置政策变动所带来的关税、技术性贸易壁垒、运输效率等变量变动，进一步基于可计算一般均衡理论模拟政策变动带来的各项经济效应，继而为贸易政策的制定提供定量参考。

利用 GTAP 模型开展政策研究主要分为以下三步：在 GTAP 数据库（GTAPAgg）中设定区域、部门和要素分类；在 GTAP 主程序（RunGTAP）中设定政策冲击；利用可计算一般均衡模型（CGE）方程计算政策变动所带来的经济效应并统计模拟结果。GTAP 数据库（GTAPAgg）最新版是发布于 2015 年的第九版数据库，数据以 2011 年为基期，包含 140 个国家和地区、57 个产业，8 种生产要素。根据本书的研究主题，在数据库区域和部门设定中将 140 个国家和地区划分为 11 个国家和地区，分别为中国、东盟、西亚、南亚、中亚、独联体、中东欧、日韩、美国、欧盟和世界其他地区，其中东盟、西亚、南亚、中亚、独联体、中东欧为"一带一路"沿线国家和地区，日韩、美国、欧盟的设定则是因为其是中国和"一带一路"沿线国家的重要经贸伙伴。在产业设定中，本书将 GTAP 数据库内置的 57 个产业划分为了十大类，分别为谷物和作物、畜牧业和肉制品、自然资源、加工食品、纺织及制衣业、轻工业、重工业、公共事业与建设、交通与通信和其他服务业，对于"一带一路"倡议中中国大力发展的高铁和核电产业由于 GTAP 数据库没有相应分类无法开展研究，对此本书深以为憾，在后期 GTAP 数据库更新相关产业后将会进一步研究。由于 GTAP 模型研究中最多可划分十个国家和地区以及十个产业（10×10 模型），而本书的设定为十一个国家和地区及十个产业，因此需要安装 GEMPACK 进行后台支持。由于第九版 GTAP 数据库中的八项生产要素并不随政策变动而发展改动，如中国劳动力数量或者土地面积并不会随关税或者技术性贸易壁垒的降低而增减，因此要素的设定保持默认值不做改变。

在 GTAP 数据库中设定好国家及地区、产业以及要素分类获得模拟所需要的数据包后，接下来需要在 GTAP 主程序（RunGTAP）设定冲击方案。本书在研究中利用关税（tms）和技术性贸易壁垒（ams）作为冲击变量，研究中国同"一带一路"国家之间减低关税和技术性贸易壁垒所带来的经济效应，以及在何种关税和技术性贸易壁垒减免的情况下能够使得中国同"一带一路"国家的经济效益最大。为了更好地分析关税和技术性贸易壁垒降低所带来的效应，本书对关税和技术性贸易壁垒降低进行梯度设置，关税减免分别设定为 20%、50% 和 100%，技术性贸易壁垒降低分别设定为 1%、3% 和 5%。冲击变量设定好后，接下来是在 GTAP 主程序（RunGTAP）中进行模拟计算（Solve），计算后可以在结果（Results）窗口查看模拟的结果。本书主要分析中国同"一带一路"沿线国家关税减免对各区域国内生产总值（VGDP）、社会福利（EV）、贸易条件（TOT）、进出口贸易额（QXS）以及各产业产出（QO）的影响，其中各产业产出分析时本书从初级产品、制成品和服务类商品进行分析。

第二节　GTAP模型设计

本节重点介绍 GTAP 模型分析中国同"一带一路"国家贸易效应前瞻性实证研究的各项基础设定，主要包含国家及地区设定、产业设定、要素设定和模拟情景设定，由于八大要素设定为默认值，因此不再详述。

一、区域设定

截至目前，"一带一路"共涵盖来自东亚、东南亚、西亚、南亚、中亚、独联体和中东欧的 65 个国家，本书按照"一带一路"沿线国家的地理位置对其进行划分，即 GTAP 数据库（GTAPAgg）区域设定中的前七类（如表 5-1 所示）。其中中国澳门、缅甸、波黑、黑山、塞尔维亚和马其顿六个国家和地区由于没有涵盖在 GTAP 数据库内置的 140 个国家和地区中，并且其经贸规模也相对较少，对研究结果影响微弱，因此在研究中并不将其包含在内。此外，韩国、日本、美国、欧盟与中国和"一带一路"沿线国家保有较为密切的经济往来，故将这几个地区单列以分析"一带一路"倡议可能对其产生的影响，其他国家和地区均归类到世界其他地区。具体的区域分类如表 5-1 所示。

表 5-1 "一带一路"贸易前瞻性研究区域设定表

编号	中文简称	代码	所含区域
1	中国	China	中国内地、中国台湾、中国香港、（中国澳门）
2	东盟	ASEAN	新加坡、越南、马来西亚、文莱、印度尼西亚、菲律宾、泰国、老挝、柬埔寨、（缅甸）

编号	中文简称	代码	所含区域
3	西亚	West Asia	伊朗、伊拉克、土耳其、叙利亚、约旦、黎巴嫩、以色列、巴勒斯坦、沙特阿拉伯、也门、阿曼、阿联酋、卡塔尔、科威特、巴林、希腊、塞浦路斯、埃及的西奈半岛
4	南亚	South Asia	印度、巴基斯坦、孟加拉国、阿富汗、斯里兰卡、马尔代夫、尼泊尔、不丹
5	中亚	Central Asia	蒙古国、哈萨克斯坦、乌兹别克斯坦、土库曼斯坦、塔吉克斯坦、吉尔吉斯斯坦
6	独联体	CIS	俄罗斯、乌克兰、白俄罗斯、格鲁吉亚、阿塞拜疆、亚美尼亚、摩尔多瓦
7	中东欧	Cen East EU	波兰、立陶宛、爱沙尼亚、拉脱维亚、捷克、斯洛伐克、匈牙利、斯洛文尼亚、克罗地亚、（波黑）、（黑山）、（塞尔维亚）、阿尔巴尼亚、罗马尼亚、保加利亚、（马其顿）
8	日韩	JPN KOR	日本、韩国
9	美国	USA	美国
10	欧盟	EU 27	由于英国退欧，欧盟现有 27 国
11	世界其他地区	Restof World	GTAPAgg 中除上述设定外的国家与区域

二、部门设定

GTAP 数据库（GTAPAgg）中的产业共分为 57 类，其主要按照国际标准产业分类体系（international standard industrial classification of all economic activities，简称 ISIC）和联合专利分类体系（cooperative patent classification，简称 CPC）进行划分。在本书研究中将 57 类产业划分为 10 大类，分别为谷物和作物、畜牧业和肉制品、自然资源、加工食品、纺织及制衣业、轻工业、重工业、公共事业与建设、交通与通信和其他服务业，其中谷物和作物、畜牧业和肉制品、自然资源、加工食品属于初级品，纺织及制衣业、轻工业、重工业属于工业制成品，公共事业与建设、交通与通信和其他服务业属于服务产业。具体的产业分类如表 5-2 所示。

表 5-2 "一带一路"贸易前瞻性研究部门设定表

编号	中文简称	代码	所含产业
1	谷物和作物	GrainsCrops	水稻、小麦、谷粉及其他相关产品、蔬菜、水果、坚果、油料作物、糖料作物、农作物及栩关产品、加工大米、植物纤维
2	畜牧业和肉制品	MeatLstk	牛羊马牲畜、动物制品及其他相关产品、奶、毛及丝制品、牛马羊肉、肉制品及其他相关产品
3	自然资源	Extraction	森林、渔业、煤、石油、天然气、矿产及相关产品
4	加工食品	ProcFood	动植物油脂、乳制品、糖、食物制品及其他相关产品、饮料及烟草制品
5	纺织及制衣业	TextWapp	纺织品、服装
6	轻工业	LightMnfc	皮革制品、木制品、纸制品、金属制品、机动车及零配件,交通运输设备及其他相关产品、制造业其他产品
7	重工业	HeavyMnfc	石化及煤制品、黑色(铁类)金属、有色金属及相关产品、矿产制品及其他相关产品、化学橡胶品、塑料、电子设备、机械设备及其他相关产品
8	公共事业与建设	Util Cons	水、电力、天然气制造及零售、建筑
9	交通与通讯	TransComm	旅游、海运、空运、通信、交通及其他相关服务
10	其他服务业	OthServices	金融及其他相关服务、保险、商务服务及其他相关服务、娱乐及相关服务、政府/法院/医疗/教育、民居

三、模拟方案设定

本书对"一带一路"倡议贸易效应前瞻性研究主要是模拟中国同"一带一路"沿线国家关税(tms)和技术性贸易壁垒(ams)减弱时,"一带一路"沿线国家各项经贸指标的变化,因此模拟情景主要从关税和技术性贸易壁垒着手设定。为了对比不同关税和技术性贸易壁垒变化的不同影响,另外考虑到"一带一路"沿线国家经济发展水平存在一定差异,关税和技术性贸易壁垒的降低并不是一蹴而就的,因此在本书的模拟中对"一带一路"沿线国家关税和技术性贸易壁垒降低的程度进行了梯度设定。具体的模拟方案设定如表 5-3 所示。

表 5-3 "一带一路"贸易前瞻性研究模拟情景设定表

简称	内涵
情景一	中国同一带一路国家关税下降 20%，且技术性贸易壁垒降低 1%
情景二	中国同一带一路国家关税下降 50%，且技术性贸易壁垒降低 3%
情景三	中国同一带一路国家关税下降 100%，且技术性贸易壁垒降低 5%

第三节　模拟结果分析

在完成"一带一路"倡议贸易效应前瞻性研究 GTAP 模型的区域、产业、要素和模拟情景设定后，下面就要根据 GTAP 主程序所设定的计算方程进行模拟计算。在模拟计算中模型满足以下假定：首先，GTAP 模型所依据的新古典经济学理论基本假设不变；其次，GTAP 模型模拟计算中"一带一路"国家同其他国家的关税和技术性贸易壁垒保持不变；最后，除了关税和技术性贸易壁垒的变化外其他政策性变量保持不变，例如运输效率（atd）保持恒定。模拟计算可得"一带一路"倡议的预期经贸效应，本节将从国内生产总值（VGDP）、社会福利（EV）、贸易条件（TOT）、进出口贸易额（QXS）以及各产业产出（QO）五个角度来分析"一带一路"倡议的经济效应。

一、GDP变化

表 5-4 根据 GTAP 模型模拟结果整理，其显示了中国同"一带一路"沿线国家关税和技术性贸易壁垒减弱时模型中各区域 GDP 变动的百分比，为了更直观地展现各区域 GDP 的变动，特制作了各区域 GDP 变动雷达图（如图 5-3 所示）。模拟结果显示：中国、东盟、西亚、南亚、中亚、独联体、中东欧这些参与降低关税和技术性贸易壁垒的国家和地区 GDP 均有所上升，并且上升的幅

度随降税幅度的增大而增加。日韩、美国、欧盟和世界其他地区的 GDP 有所下降，其中日韩地区作为中国的邻国 GDP 下降幅度最大，三个情境中的 GDP 下降幅度分别为 –0.2930%、–0.8309% 和 –1.4652%，这主要是随着中国和"一带一路"沿线国家进行关税减免后以往同日韩贸易的商品转向"一带一路"区域内的国家，此外三种情境中美国、欧盟和世界其他地区的经济增长下降幅度均在 1% 以内。从中国同"一带一路"沿线国家 GDP 的增长来看，东盟经济的增长幅度最大，三种情境中的 GDP 增长幅度分别为 0.6544%、1.8627%、3.2718%；西亚经济的增长幅度最小，三种情境中的 GDP 增长幅度分别为 0.1495%、0.4625%、0.7477%，其他地区的经济增长排序为中东欧、中国、南亚、中亚和独联体。总体来看，"一带一路"倡议的实施对于中国和"一带一路"沿线国家的经济发展均有正向的激励作用，能够推动中国和"一带一路"沿线国家经济的增长。

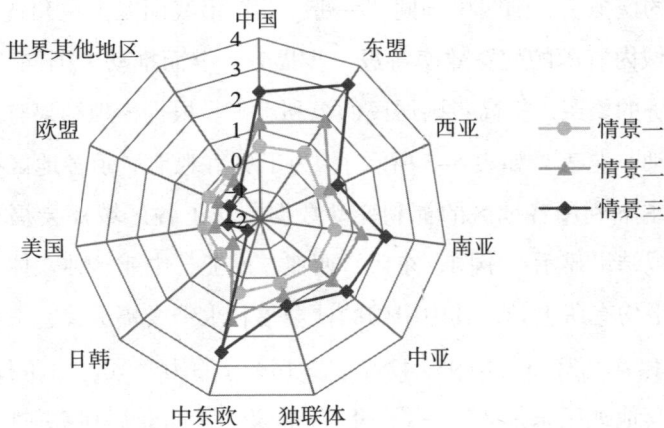

图 5-3　GTAP 模拟中各区域 GDP 变动雷达图

表 5-4　GTAP 模拟中 GDP 变动一览表　　　单位：%

区域 / 情景	情景一	情景二	情景三
中国	0.4437	1.222	2.2184
东盟	0.6544	1.8627	3.2718

区域 / 情景	情景一	情景二	情景三
西亚	0.1495	0.4625	0.7477
南亚	0.4152	1.2857	2.076
中亚	0.3287	1.0419	1.6433
独联体	0.1914	0.5978	0.9572
中东欧	0.5064	1.4275	2.5321
日韩	−0.293	−0.8309	−1.4652
美国	−0.1905	−0.5329	−0.9525
欧盟	−0.1859	−0.5224	−0.9297
世界其他地区	−0.1602	−0.4543	−0.8011

二、福利变化

在本章的模拟中，随着中国同"一带一路"沿线国家关税和技术性贸易壁垒减弱，区域内资源的配置效率将进一步提升，继而推动中国同"一带一路"沿线国家经济的繁荣，提高各国居民的福利水平。根据模拟结果整理的各地区社会福利变动一览表（如表 5-5 所示），为了更直观地展示各地区社会福利水平的变化，本书利用各地区的福利变动数据制作了各区域社会福利变动折线图。根据模拟结果显示：中国、东盟、西亚、南亚、中亚、独联体和中东欧的社会福利水平均有所上升，其中中国的社会福利水平增幅最大，三种情景中的政府分别为 14 429.8145、40 959.4297、72 149.07 百万美元。由于日韩、美国、欧盟和世界其他地区未加入"一带一路"倡议，其社会福利水平均有所下降，其中欧盟的降幅最为明显，三种情景中社会福利水平降幅分别为 5 594.9712、15 606.4277、27 974.9 百万美元。此外，随着中国同"一带一路"沿线国家降税幅度的增大，中国与"一带一路"沿线国家社会福利水平上升的幅度也逐步增大，同时日韩、美国、欧盟和世界其他地区国家社会福利水平下降的幅度也逐步上升。

表 5-5　GTAP 模拟中社会福利变动一览表　　　　　　　单位：百万美元

区域 / 情景	情景一	情景二	情景三
中国	14 429.8145	40 959.4297	72 149.07
东盟	7 637.8931	22 110.9082	38 189.47
西亚	8 799.3232	25 441.3379	43 996.61
南亚	7 249.3584	20 985.0996	36 246.79
中亚	1 037.6702	3 030.6995	5 188.351
独联体	4 082.9065	11 732.7832	20 414.53
中东欧	4 061.373	11 695.5928	20 306.86
日韩	–3 918.217	–11 022.8301	–19 591.1
美国	–3 942.7207	–10 862.5625	–19 713.6
欧盟	–5 594.9712	–15 606.4277	–27 974.9
世界其他地区	–3 792.2761	–10 963.7549	–18 961.4

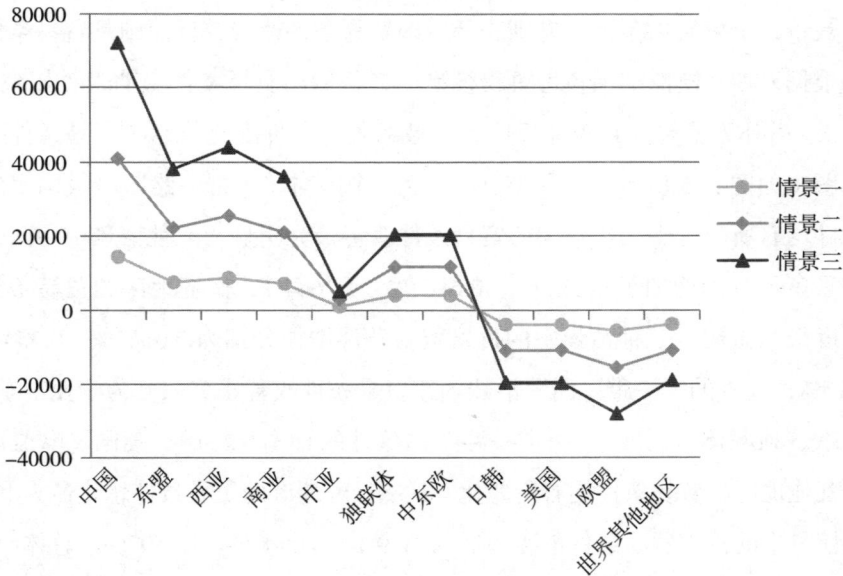

图 5-4　GTAP 模拟中社会福利变动折线图

通过图 5-4 我们可以发现，中国作为"一带一路"倡议的发起国，在一定程度上掌握着贸易话语权，因此"一带一路"倡议中中国的社会福利水平提升最为明显，除了中国外，"一带一路"沿线国家的社会福利水平增幅排序从高到低依次为西亚、东盟、南亚、独联体、中东欧和中亚，其中中亚的社会福利增幅最为微弱。情景三中中国与"一带一路"沿线国家的社会福利增幅最高，即当中国与"一带一路"沿线国之间实现零关税时能够实现最大的福利效应。

三、贸易条件变化

贸易条件（terms of trade，TOT）用来反应一国的对外贸易状况，测度了一国对外贸易的盈利能力，根据计算方式不同贸易条件可以分为价格贸易条件、收入贸易条件和要素贸易条件，GTAP 模型中所指的贸易条件为价格贸易条件，同时价格贸易条件在三种计算方式中最具有现实意义。价格贸易条件 = 出口价格指数 / 进口价格指数 ×100%，其表示出口单位商品所能换回的进口商品数量，价格贸易条件上升则表示一国贸易条件改善，反而则是贸易条件恶化。根据 GTAP 模拟结果整理可得模型中各区域的贸易条件变动表（如表 5-6 所示），另外为了更为直观地反应各区域的贸易条件变化绘制了贸易条件变动条形图（如图 5-5 所示）。模拟结果显示，中国与"一带一路"沿线国家的贸易条件均有所改善，其中中国的贸易条件改善最为明显，三种情景中中国的价格贸易条件分别增加了 0.2529%、0.6861%、1.2644%，南亚地区的贸易条件改善幅度最为微弱，三种情景中的价格贸易条件增加分别为 0.0643%、0.2541%、0.3215%，此外的"一带一路"沿线国家贸易条件改善排名依此为中亚、东盟、中东欧、独联体、西亚。"一带一路"倡议外的日本、韩国、美国、欧盟以及世界其他地区的贸易条件均有所恶化，其中日韩地区的贸易条件恶化最为严重，三种情景中的价格贸易条件依次降低 0.2319%、0.6503%、1.1597%。总体而言，"一带一路"倡议内的区域贸易条件有所改善，而"一带一路"倡议外的区域贸易条件则相对恶化，并且与"一带一路"国家贸易往来越密切贸易条件恶化越严重。

表 5-6　GTAP 模拟中贸易条件变动一览表　　　　　　　单位：%

区域 / 情景	情景一	情景二	情景三
中国	0.2529	0.6861	1.2644
东盟	0.2164	0.6033	1.0822
西亚	0.1322	0.3838	0.661
南亚	0.0643	0.2541	0.3215
中亚	0.2457	0.7437	1.2287
独联体	0.1369	0.4077	0.6847
中东欧	0.1808	0.4898	0.9041
日韩	−0.2319	−0.6503	−1.1597
美国	−0.1339	−0.3684	−0.6695
欧盟	−0.0883	−0.2455	−0.4413
世界其他地区	−0.0794	−0.2303	−0.3972

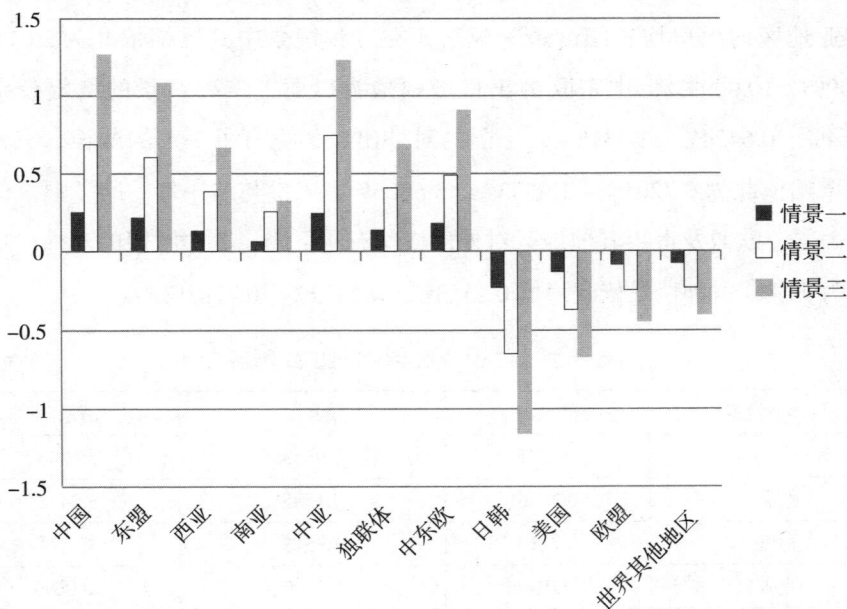

图 5-5　GTAP 模拟中贸易条件变动条形图

四、贸易变化

1. 进出口贸易变动

关税减免有助于降低国际贸易的成本，提高贸易的利润空间，继而促进双边或多边贸易发展，继而使得贸易的进出口有所增加。根据 GTAP 的模拟结果整理可得中国与"一带一路"沿线国家出口变动表（如表 5-7 所示）、进口变动表（如表 5-8 所示），为更直观地反映出中国与"一带一路"沿线国家进出口贸易的变化，绘制了中国与"一带一路"沿线国家出口变动条形图（如图 5-6 所示）、进口变动条形图（如图 5-7 所示）。

根据表 5-7 和图 5-6 可以发现在中国和"一带一路"沿线国家之间降低关税和技术性贸易壁垒后，"一带一路"倡议所涉及的国家出口额均有所增加，其出口增长排名为南亚、中亚、东盟、中国、西亚、独联体、中东欧。其中南亚地区的出口增长幅度最为显著，在三种情景中其增幅依此为 2.014%、5.3109%、10.0699%，中东欧的出口增幅最为微弱，三种情景的增幅分别为0.2464%、0.6424%、1.2318%，中国的对外出口额也有了一定的增长，三种情景的增幅依此为 0.7201%、1.9553%、3.6006%。未参与"一带一路"倡议的日韩、美国、欧盟及世界其他地区对外出口均有所下降，其中欧盟的对外出口下降最为明显，三种情景依此降低 0.1553%、0.4392%、0.7763%。

表 5-7　GTAP 模拟中各区域出口变动一览表　　　　　　单位：%

区域 / 情景	情景一	情景二	情景三
中国	0.7201	1.9553	3.6006
东盟	0.7886	2.1595	3.9432
西亚	0.7115	1.9515	3.5574
南亚	2.014	5.3109	10.0699
中亚	0.8829	2.487	4.4144
独联体	0.6398	1.751	3.1992
中东欧	0.2464	0.6424	1.2318
日韩	−0.0869	−0.248	−0.4344

续表

区域 / 情景	情景一	情景二	情景三
美国	−0.0728	−0.2152	−0.3641
欧盟	−0.1553	−0.4392	−0.7763
世界其他地区	−0.1528	−0.4372	−0.7638

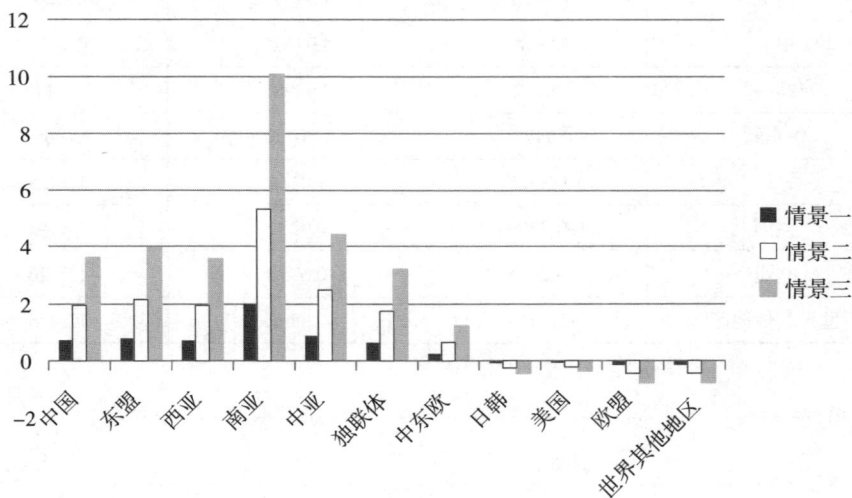

图 5-6　GTAP 模拟中各区域出口变动条形图

根据表 5-8 和图 5-7 可以发现在中国和"一带一路"沿线国家之间降低关税和技术性贸易壁垒后，"一带一路"沿线所涉及的国家进口额也均有所增加，其进口额增长排名为南亚、中亚、独联体、东盟、中国、西亚、中东欧，与出口额增长相比独联体的进口排名有所上升。其中南亚地区的进口额增长幅度最为显著，在三种情景中其增幅依此为 1.7993%、4.8409%、8.9966%，中东欧的进口额增幅最为微弱，三种情景的增幅分别为 0.5473%、1.5019%、2.7365%，中国的对外进口额也有了一定的增长，三种情景的增幅依此为 1.0533%、2.8893%、5.2664%。未参与"一带一路"倡议的日韩、美国、欧盟及世界其他地区对外进口额均有所下降，其中日韩两国的对外进口额下降最为明显，三种情景依此降低 0.3585%、1.0164%、1.7925%。

表 5-8 GTAP 模拟中各区域进口变动一览表　　　　　单位：%

区域 / 情景	情景一	情景二	情景三
中国	1.0533	2.8893	5.2664
东盟	1.185	3.2647	5.9251
西亚	1.0436	2.8441	5.2181
南亚	1.7993	4.8409	8.9966
中亚	1.7974	4.9767	8.987
独联体	1.4322	3.9398	7.1611
中东欧	0.5473	1.5019	2.7365
日韩	−0.3585	−1.0164	−1.7925
美国	−0.3309	−0.9272	−1.6543
欧盟	−0.2465	−0.6959	−1.2326
世界其他地区	−0.2415	−0.6862	−1.2076

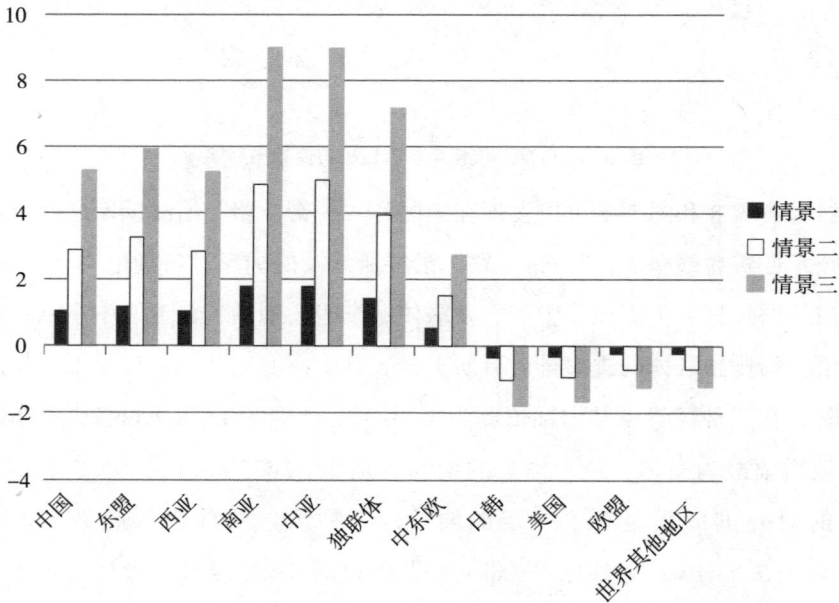

图 5-7 GTAP 模拟中各区域进口变动条形图

　　总体来看，GTAP 模拟结果显示中国同"一带一路"沿线国家的对外贸易呈现出下列特点。

　　首先，就贸易潜力来看，"一带一路"倡议中印度和中亚的贸易潜力最大，在理想状态下（关税降低为 0、技术性贸易壁垒也在一定程度上得到削弱）印度和中亚的出口额增幅分别达 10.0699%、4.4144%，进口额增幅分别达 8.9966%、8.9870%。

　　其次，对于中国而言，"一带一路"倡议有助于我国对外贸易的发展，理想状态下我国对外出口和对外进口的增幅分别达 3.6006%、5.2664%，"一带一路"倡议的实施为我国对外贸易的发展增添了动力，有助于我国外向型经济的推进。

　　最后，"一带一路"倡议中非"一带一路"地区的贸易发展受阻，随着降税幅度的增加其负面影响越来越显著，而中国与"一带一路"沿线国家随着关税的降低对外贸易增幅也逐步增大，这种贸易增幅有来自非"一带一路"地区的贸易转移，还有贸易条件改善所带来的贸易创造。

　　2. 中国对"一带一路"沿线国家贸易潜力分析

　　下面本书将对中国同"一带一路"沿线国家贸易潜力进行具体的研究，假定在理想状态下（"一带一路"倡议各区域间实行零关税），通过 GTAP 模拟可得中国同"一带一路"沿线各地区的进出口变动幅度，也即"一带一路"倡议下中国同"一带一路"沿线各地区的贸易潜力。根据 GTAP 模拟结果特绘制中国同"一带一路"地区贸易潜力示例图（如图 5-8 所示），由该图可知在理想状态下中国向西亚地区进行出口的潜力最大，出口增幅高达 30.89%，中国从中东欧进口的潜力最大，进口增幅高达 48.23%。

　　中国向"一带一路"沿线地区出口的潜力排名依次为西亚、独联体、南亚、中亚、东盟、中东欧，其潜在出口增幅依次为 30.89%、29.02%、28.00%、19.62%、15.38%、13.12%，中国从"一带一路"沿线地区进口的潜力排名依次为中东欧、南亚、独联体、东盟、西亚、中亚，其潜在进口增幅依次为48.23%、13.77%、9.10%、6.56%、5.39%、5.15%。综合考虑进口和出口变化后，中国同"一带一路"沿线地区的贸易潜力排名依次为南亚、独联体、中东欧、西亚、中亚、东盟，其潜在贸易增幅依次为23.78%、20.37%、20.14%、16.10%、11.18%、11.00%，其中中国同东盟之间贸易增幅较小是因为中国同东盟签署自贸协定后关税已经降低为较低水平，因此再次降低关税所释放的贸易增幅也相对较小。根据"一带一路"倡议下中国同"一带一路"沿线各地区的贸易潜力测度，我国在接下来的"一带一路"倡议推进中可以优先考虑同南亚以及独联体地区签署自由贸易协定。

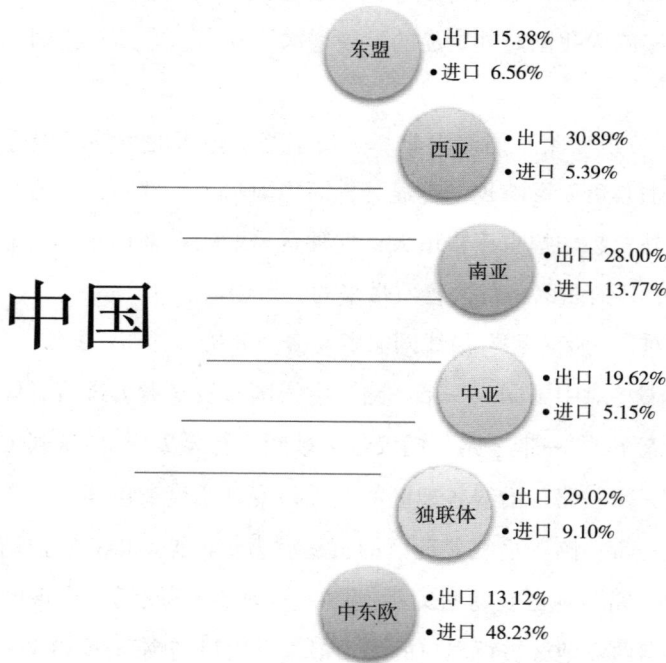

中国

东盟
• 出口 15.38%
• 进口 6.56%

西亚
• 出口 30.89%
• 进口 5.39%

南亚
• 出口 28.00%
• 进口 13.77%

中亚
• 出口 19.62%
• 进口 5.15%

独联体
• 出口 29.02%
• 进口 9.10%

中东欧
• 出口 13.12%
• 进口 48.23%

图 5-8 中国同"一带一路"地区贸易潜力示例图

五、产出变化

"一带一路"倡议的推动使得中国同"一带一路"沿线国家之间的贸易往来更加密切，继而实现了资源的跨国配置，使得各国能够基于自身的资源禀赋和比较优势开展生产活动，大大提高了"一带一路"区域内资源的配置效率。资源的跨国配置在产业上体现为各产业产出的变动，根据 GTAP 模拟结果可以得到三种情景下模型中的各区域在各产业产出的变化，由于三种情景体现出的产业产出变动趋势相同只是程度有所差异，因此本节仅考虑理想状态下（"一带一路"区域内关税为 0 且技术性贸易壁垒降低 5% 的情况，也即情景三），根据模拟结果可得各区域在各产业产出变动表（如表 5-9 所示）。对于各产业产出的分析，本书按照初级产品、制成品和服务类商品三类进行研究，其中初级产品包含谷物和作物、畜牧业和肉制品和自然资源三类，制成品包含加工食品、纺织及制衣业、轻工业和重工业四类，服务类商品包含公共事业与建设、交通与通信和其他服务业三类。

表 5-9　GTAP 模拟中各区域各产业产出变动一览表　　　　单位：%

产业 / 区域	中国	东盟	西亚	南亚	中亚	独联体	中东欧	日韩	美国	欧盟	世界其他地区
谷物和作物	−0.30	−0.27	−2.17	−0.18	2.00	0.67	−0.46	0.53	0.29	0.50	0.08
畜牧业和肉制品	0.00	−1.60	−0.95	1.27	0.73	−0.71	2.78	0.46	0.12	0.44	−0.11
自然资源	−2.38	−1.87	0.07	−1.91	0.11	−0.25	−3.09	0.99	0.29	0.27	0.00
加工食品	−0.14	4.97	−0.74	−4.61	−1.13	−0.47	0.17	0.04	0.07	0.08	−0.21
纺织及制衣业	2.48	−2.10	−5.91	−2.45	−18.02	−19.51	−7.06	−1.27	1.53	−0.95	1.23
轻工业	0.32	−1.38	−1.77	0.64	−12.22	−5.50	−0.34	0.42	0.11	0.03	0.11
重工业	−0.33	0.42	−0.09	−0.38	−2.89	−0.40	−0.71	0.37	0.20	−0.36	−0.15
公共事业与建设	1.48	3.75	1.72	2.22	2.26	1.91	2.02	−0.89	−0.60	−0.56	−0.42
交通与通信	−0.21	−0.08	0.51	0.44	0.68	0.16	−0.17	0.13	0.02	0.37	0.10
其他服务业	0.12	−0.65	0.15	−0.34	0.15	0.05	−0.08	−0.07	0.01	0.06	0.03

1. 初级品

模拟结果显示，理想状态下，中国、东盟、西亚、南亚和中东欧地区的谷物和作物产品产出有所下降，其降低的幅度依次为 −0.30%、−0.27%、−2.17%、−0.18%、−0.46%；而中亚、独联体日韩、美国、欧盟和世界其他地区的谷物和作物产品产出有所上升，其上升的幅度依次为 2.00%、0.67%、0.53%、0.29%、0.50%、0.08%。这表明中国在谷物和作物生产方面并不具备比较优势，这与我国人口众多、人均耕地面积偏低的实际相符合。

在畜牧业和肉制品生产方面，中国有极小幅的增加，这表明中国在畜牧业和肉制品生产方面具有略微的比较优势。"一带一路"沿线地区中，东盟、西亚、独联体在畜牧业和肉制品生产上均有所下降，其下降的比例依此为 –1.60%、–0.95% 和 –1.60%，即东盟、西亚、独联体在畜牧业和肉制品生产上具有比较劣势；而南亚、中亚、中东欧地区则在畜牧业和肉制品生产上有所上升，增幅依此为 1.27%、0.73% 和 2.78%，即南亚、中亚、中东欧地区在畜牧业和肉制品生产上具有比较优势。

在自然资源生产方面，中国有所下降，降幅为 –2.38%，这表明中国在自然资源生产方面具有略微的比较优劣势。"一带一路"沿线地区中东盟、南亚、独联体和中东欧在自然资源生产上均有所下降，其下降的比例依此为 –1.87%、–1.91%、–0.25%、–3.09%，即东盟、南亚、独联体和中东欧在自然资源生产上具有比较劣势；而西亚和中亚地区则在自然资源生产上有所上升，增幅分别为 0.07% 和 0.11%，即西亚和中亚地区在自然资源生产上具有比较优势，事实上西亚地区富含大量石油资源，而中亚地区则有比较丰富的油气资源和有色金属及铀等资源。

2. 制成品

GTAP 模型模拟显示，理想状态下中国在加工食品生产上有所下降，下降幅度为 –0.14%，这表明中国在加工食品生产方面具有一定的比较劣势。"一带一路"沿线地区中，西亚、南亚、中亚和独联体在加工食品生产上均有所下降，其下降的比例依此为 –0.74%、–4.61%、–1.13% 和 –0.47%，即西亚、南亚、中亚和独联体在加工食品生产上具有比较劣势；而东盟和中东欧地区则在加工食品生产上有所上升，增幅依此为 4.97% 和 0.17%，即东盟和中东欧地区在加工食品生产上具有比较优势。

在纺织及制衣业生产方面，中国有大幅上升，涨幅高达 2.48%，这表明中国在纺织及制衣业生产方面具有比较优势。"一带一路"区域中除中国以外的东盟、西亚、南亚、中亚、独联体和中东欧地区在纺织及制衣业生产上均有所下降,其下降的比例依此为 −2.10%、−5.91%、−2.45%、−18.02%、−19.51% 和 −7.06%,即东盟、西亚、南亚、中亚、独联体和中东欧地区在纺织及制衣业生产上具有比较劣势,其中中亚和独联体具有极强的比较劣势,生产下滑十分明显。

在轻工业生产方面,中国有一定幅度的上涨,涨幅达 0.32%,这表明中国在轻工业生产方面具有一定的比较优势。"一带一路"沿线地区中,东盟、西亚、中亚、独联体和中东欧地区在轻工业生产上均有所下降,其下降的比例依此为 −1.38%、−1.77%、−12.22%、−5.50% 和 −0.34%,即东盟、西亚、中亚、独联体和中东欧地区在轻工业生产上具有比较劣势;而南亚地区则在轻工业生产上有所上升,增幅为 0.64%,即南亚地区在轻工业生产上具有比较优势。

在重工业生产方面,中国有所下降,降幅为 −0.33%,这表明中国在重工业生产方面具有比较劣势。"一带一路"沿线地区中,西亚、南亚、中亚、独联体和中东欧地区在重工业生产上均有所下降,其下降的比例依此为 −0.09%、−0.38%、−2.89%、−0.40% 和 −0.71%,即西亚、南亚、中亚、独联体和中东欧地区在重工业生产上具有比较劣势;而东盟地区则在重工业生产上则有所上升,增幅为 0.42%,即东盟地区在重工业生产上具有比较优势。

3. 服务类商品

GTAP 模型模拟显示,理想状态下中国和"一带一路"沿线地区在公共事业与建设方面的产值均有所上涨,中国、东盟、西亚、南亚、中亚、独联体和中东欧地区在公共事业与建设生产方面的涨幅分别为 1.48%、3.75%、1.72%、2.22%、2.26%、1.91% 和 2.02%,这表明中国和"一带一路"沿线地区在公共事业与建设生产上均具有比较优势。

在交通与通信生产方面,中国有一定的降低,降幅为 −0.21%,这表明中国在交通与通信生产方面具有一定的比较劣势。"一带一路"沿线地区中东盟和中东欧地区在交通与通讯业生产上均有所下降,其下降的比例分别为 −0.08%

和 –0.17%，即东盟和中东欧地区在交通与通讯生产上具有比较劣势；而西亚、南亚、中亚和独联体地区则在交通与通讯生产上有所上升，增幅依此为 0.51%、0.44%、0.68% 和 0.16%，即西亚、南亚、中亚和独联体地区在交通与通信生产上具有比较优势。

在其他服务业生产方面，中国有所增加，增幅为 0.12%，这表明中国在其他服务业生产方面具有比较优势。"一带一路"沿线地区中东盟、南亚和中东欧地区在其他服务业生产上均有所下降，其下降的比例依此为 –0.65%、–0.34% 和 –0.08%，即东盟、南亚和中东欧地区在其他服务业生产上具有比较劣势；而西亚、中亚和独联体地区则在其他服务业生产上有所上升，增幅依此为 0.15%、0.15% 和 0.05%，即西亚、中亚和独联体地区在其他服务业生产上具有比较优势。

综上，"一带一路"倡议的推进能够极大地降低货物与服务在区域内流通的各项成本，更为开放、巨大的市场为各国优势产业的发展提供了更多的机遇。商品流通的背后是各种生产要素在更大范围内的优化配置，可以说"一带一路"倡议的实施使得中国与"一带一路"沿线国家之前的产业布局更为合理，同时也推动了彼此间产业的协同发展。

第四节 "一带一路"倡议推进思路

一、分阶段有步骤推进

根据前文的分析可以发现，"一带一路"倡议中中国同"一带一路"沿线地区关税和技术性贸易壁垒减弱能够使中国同"一带一路"沿线地区在国内生产总值、社会福利、贸易条件、进出口贸易额方面都有所上升或改善，但是在产业变动上中国与各地区均有部分产业产出下降。这说明，"一带一路"倡议中关税和技术性贸易壁垒减弱虽然总体有助于各地区的发展，但也会对一些产业造成巨大的冲击，因此在"一带一路"倡议推进的过程中一定不能急功近利和一蹴而就，而应当分步骤分阶段的来开展"一带一路"倡议。例如可以先对一些不敏感的产业进行降税，允许各地区基于本地实际情况放缓对敏感产业的开放，继而把对各地区产业的影响降低到一定程度，提高"一带一路"沿线地区对"一带一路"倡议的认可度。此外，"一带一路"包含涵盖中国在内的 66个国家和地区，这些国家正处在不同的历史发展阶段，经济发展水平差异较大，因此，"一带一路"倡议一定要具有包容性，应当根据各国经济发展情况开展经贸谈判，而不应简单地统一论处。

二、连轴成轮以点带面

GTAP 模拟结果显示关税和技术性贸易壁垒减弱使得各地区的在国内生产总值、社会福利、贸易条件、进出口贸易额方面都有所上升或改善，但是对各区域的影响程度却是不尽相同的。因此，在"一带一路"倡议实施中可以优先考虑同那些从"一带一路"倡议中获益较大的地区开展经贸谈判，例如南亚和中亚在关税和技术性贸易壁垒减弱时 GDP 增幅较大并且与我国陆路相邻，因此可以将其作为第一批经贸谈判的对象。此外，关税和技术性贸易壁垒减弱对于各地区、各产业进出口和产出的影响程度也不尽相同，因此可以针对不同区域在不同行业方面开展经贸谈判，例如在理想条件下中国同独联体间的进出口贸易增长潜力高达 20.37%，并且独联体在谷物和作物方面的生产也有了大幅提升，因此中国可以考虑在谷物和作物产业和独联体地区开展经贸谈判。中国通过单独与各地区开展经贸谈判签署自贸协定形成车轴与点，继而连接车轴成轮抑或连点成面继而实现整个"一带一路"倡议的推进。此外，在该种模式的自贸区设定中，中国作为发起国和沟通各地区的核心国所能获取的经济利益也更能得到保障。

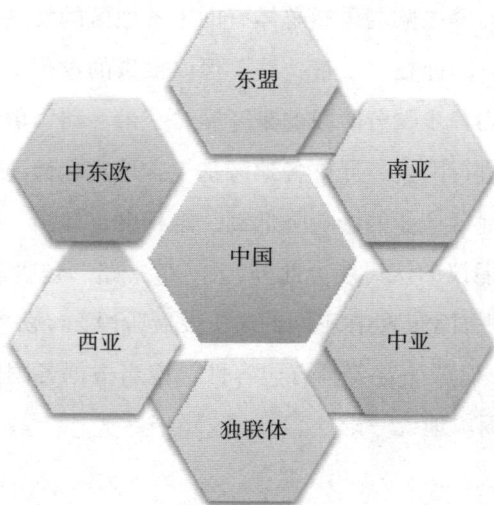

图 5-9　中国同"一带一路"经贸谈判模式图

三、关注非关税的壁垒

在前文的 GTAP 模拟的三种情景中关税和技术性贸易壁垒减弱是同时进行的，无法判定关税降低和技术性贸易壁垒削弱之间经济效应孰强孰弱，因此为了更好地区分关税和非关税壁垒之间作用的成效，此处进行了理想状态下的单独模拟。中国同"一带一路"沿线地区关税降低 100% 设为情景四、中国同"一带一路"沿线地区技术性贸易壁垒降低 5% 为情景五。模拟结果显示，在情景四中中国的 GDP、社会福利水平、贸易条件、出口总额、进口总额增长依此为 1.09%、2.33 亿美元、0.73%、2.05%、2.71%，而在情景五中中国的五项指标增长依此为 1.13%、4.88 亿美元、0.54%、1.55%、2.56%，其中在情景五中 GDP 和社会福利水平增长均高于情景四，而两种情景中贸易条件、出口总额、进口总额差异并不是很大。此外，由于关税降为 0 后降无可降而技术性贸易壁垒还是能够继续削弱的，可以预期技术性贸易壁垒降低 10% 甚至更高水平时所带来的各项经济指标改善必然全面超越情景四。模拟结果提醒我们，在"一带一路"倡议推进中应当关注非关税壁垒的削弱，以此才能更大地释放

"一带一路"倡议实施所带来的红利。

本书利用 GTAP 模型模拟了"一带一路"倡议中中国同"一带一路"沿线国家关税和技术性贸易壁垒减弱时各项经贸指标的变化,并对中国同"一带一路"沿线地区在国内生产总值、社会福利、贸易条件、进出口贸易额以及各产业产出方面的变动进行了详尽的分析,主要结论总结如下。

首先,中国通过与"一带一路"沿线地区降低关税和技术性贸易壁垒使得中国在国内生产总值、社会福利、贸易条件、进出口贸易额方面都有所上升或改善,即"一带一路"倡议的推进有助于中国经济和对外贸易发展。在产业产出方面,中国在具有比较优势的畜牧业和肉制品、纺织及制衣业、轻工业、公共事业与建设和其他服务业领域生产增加,而在具有比较劣势的谷物和作物、自然资源、加工食品、重工业和交通与通信领域生产降低,即在更大市场范围内实现了资源的优化配置。

其次,参与"一带一路"倡议的国家和地区(东盟、西亚、南亚、中亚、独联体和中东欧)由于关税和技术性贸易壁垒的降低使得其在国内生产总值、社会福利、贸易条件、进出口贸易额方面都有所上升或改善,而那些未在"一带一路"范围内的国家(日韩、美国、欧盟和世界其他地区)则在国内生产总值、社会福利、贸易条件、进出口贸易额方面都有所下降或恶化。

再次,在 GTAP 模拟中"一带一路"沿线地区 GDP 增长排序依次为东盟、中东欧、南亚、中亚、独联体、西亚,由于中国已经同东盟签署了自贸协定,因此在下一步的自贸区发展战略中可以优先将中东欧、南亚和中亚作为谈判对象,考虑到中亚、南亚与我国陆路相邻,交通运输更为便捷,因此同中亚及南亚地区开展自由贸易谈判具有较强的可行性。

最后,本书所模拟的三种情景对关税和技术性贸易壁垒进行了梯度设置,即三种情景中关税依此降低 20%、50% 和 100%,技术性贸易壁垒依此降低 1%、3% 和 5%,根据 GTAP 模拟结果可以发现中国同"一带一路"沿线地区所获得收益同关税和技术性贸易壁垒降低的幅度成正相关关系,即降税幅度越大各国获益越大,同时非"一带一路"地区利益受损也越严重。

第六章 中国对"一带一路"沿线国家
出口的影响因素分析

受到 2008 年美国次贷危机引发的世界性经济衰退的影响,世界经济和国际贸易近年来仍处于恢复阶段。美国等发达国家虽然整体上率先走出经济衰退,但在微观上仍然未恢复元气[①];而"一带一路"沿线国家的经济恢复状态则相对发达国家更为迟缓,如俄罗斯等国家甚至一度呈现负增长状态。另外,中国国内现正处于经济转型时期,"调结构、去产能、补短板"的调整使得自改革开放以来一直呈现的快速增长出现降速趋势,出口企业承受较高的金融成本,国内劳动力、能源及环境等成本的上涨成为经济发展的常态,国内外许多因素影响了中国对"一带一路"沿线国家的出口贸易。

第一节 中国对外出口的体制性成本压力分析

分析我国对"一带一路"沿线国家出口的影响因素,首先应对我国的对外贸易市场环境和外贸体制现状进行分析。[②]我国的对外贸易体制是影响我国对

---

① 根据美国人口普查局(United States Census Bureau)在2014年的家庭收入调查统计,美国家庭在2014年时,家庭年收入较2012年仅增长180美元,2013年的美国家庭收入中位数为51940美元,相比2007年危机爆发时下降了大约5000美元。https://www.census.gov.

② 林九江. 降低出口金融成本的关键在哪儿[J]. 国际融资, 2013, (09): 46–52.

"一带一路"沿线国家出口的重要因素，是决定我国外贸能否蓬勃发展的内因。自我国在 2001 年年底加入世界贸易组织以来，我国对外贸易体制发生了巨大的变化，主要有：对外开放程度越来越高、进出口贸易的渠道呈现多样化趋势、从事进出口贸易的经营主体呈现多元化状态等。与此相对应，我国从事出口贸易的经营主体也受到来自地方保护主义、汇率波动和人民币升值以及我国出口退税制度等体制性因素的影响。

一、我国外贸体制的结构性变化

在加入世界贸易组织之前，我国长期实行外贸经营权审批制，这是在我国的计划经济向市场经济转变时所采取的制度，这一制度虽然在一定程度上放松了国家对外贸经营权的控制，但随着对外开放程度的增加与贸易规模的扩大，这一制度造成了有外贸经营权的企业独享外贸红利而无外贸经营权的企业无法参与其中的不公平状态。在 2004 年 7 月 1 日，《中华人民共和国对外贸易法》正式施行，取消对所有外贸经营主体外贸经营权的审批，改为备案登记制，个人履行法定程序后也可从事外贸经营。[①]2007 年后，为进一步履行加入世界贸易组织的承诺，我国对涉外经济体制进行了更深入的改革，逐渐开放贸易领域，将原先的高额关税进行了大幅降低，取消进口配额、许可证等非关税措施。

这些改革措施在很大程度上改变了我国的对外贸易体制。首先，如图 6-1 所示，从出口企业类型来看，外商投资企业一直在出口贸易中扮演重要角色，一度占据出口贸易格局中的四分之三以上。而随着我国民营企业的迅速发展，外资企业的占比逐渐下降，民营企业在出口贸易格局中的占比迅速提升，对出口贸易的贡献不断增加，目前已可以达到甚至超过外资企业的份额。相比之下，国有企业在出口贸易中的角色不是很活跃，从 2006—2015 年，国有企业的对外出口贸易额基本保持平稳状态，几乎没有增长。

---

① 新华社http://news. xinhuanet. com/fortune/2004-06/29/content_1554180. htm.

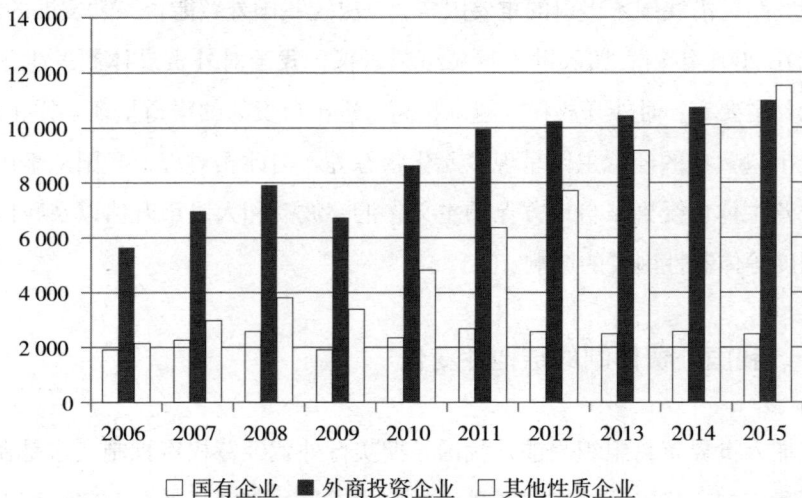

图 6-1　按企业类型划分的中国对外出口金额（单位：亿美元）

数据来源：国家统计总局。

如表 6-1 所示，从省级层面看，广东、江苏、浙江、山东、福建等省份以及京、津、沪三个直辖市的出口金额一直占据全国百分之八十左右。广东、江苏、福建等东南沿海省份得益于改革开放以来的政策优势和区位条件，在进出口贸易方面处于绝对优势地位。另外，出口大省的外贸依存度[①]也高于全国平均水平。其中广东省外贸依存度为 100%，江苏和浙江在 50% 的水平，上海为 106%，而西北、西南、东北和中部地区一般低于 20%。

表 6-1　我国分区域出口金额　　　　　　　　　　　　　单位：万美元

省市	2012	2013	2014	2015	2016
天津	4 831 431.80	4 902 477.80	5 259 656.89	5 118 331.01	4 428 623.64
北京	5 965 034.80	6 324 622.30	6 234 790.66	5 467 340.20	5 184 455.13
福建	9 783 591.40	10 650 363.80	11 345 747.34	11 301 629.84	10 367 613.64
山东	12 873 173.60	13 449 911.10	14 474 545.04	14 405 977.38	13 715 566.22

①　外贸依存度等于进出口额占GDP的比重。2015年全国外贸依存度为37%。

续表

省市	2012	2013	2014	2015	2016
上海	20 674 436.50	20 419 686.40	21 016 331.44	19 594 124.93	18 347 327.03
浙江	22 456 888.00	24 879 195.40	27 335 364.26	27 659 548.23	26 786 380.46
江苏	32 853 789.40	32 885 682.80	34 186 843.66	33 866 661.41	31 926 802.56
广东	57 413 612.90	63 640 373.30	64 622 225.97	64 351 197.75	59 886 228.56
其他	38 041 517.90	43 849 596.20	49 799 149.90	45 730 173.49	39 172 369.60

数据来源：国家统计总局。

我国按照贸易方式划分的出口贸易中，进料加工贸易在 2008 年前发展迅速，持续呈两位数增长，在 2008 年次贷危机中遭遇负增长，但 2010 年前后开始复苏并呈现较快增长的态势，2014 年后又出现负增长状态，2016 年甚至回落到 2010 年的水平。

除了进料加工贸易外，来料加工和装配贸易、边境小额贸易、保税仓库出境货物、海关特殊监管区域物流货物等贸易形势发展平缓，增长和回落的波动较小但总量也很小，是具有很大提升空间的几种贸易形势。尤其是边境小额贸易，是我国同"一带一路"沿线国家中与我国接壤的几个国家进行贸易的重要形式，其覆盖面广、参与人群为普通居民等特点是加强我国同邻国贸易关系和认同感的重要手段。

二、人民币汇率变化

在经济学理论中，影响国家出口贸易的因素有许多，汇率就是其中之一。英国经济学家罗宾逊的弹性理论指出，一国本币贬值能增强该国出口产品的竞争力，并进一步改善其国际贸易收支，反之，本币的升值可以降低该国出口[①]。但是在真实的经济运行中，汇率对出口的影响被其他因素中和甚至逆转。比如日本在 1985 年签订《广场协定》后，日元保持大幅升值，但是日本的出口却

---

① ［英］琼·罗宾逊.就业理论引论［M］.北京：商务印书馆，1961.

并未像之前预估的那样出现大幅度下降，而且贸易顺差依旧持续地扩大。

至今，汇率变动与出口的关系依旧存在着争议。尤其自中国于 2005 年 7 月施行人民币汇革以来，人民币汇率的变动与中国出口贸易的关系逐渐成了国内外学者们研究的热门领域。学者之间大致成为两派，一部分学者认为人民币升值将有助于减少中国巨额的贸易顺差[①]，另一部分学者认为人民币汇率的升值与中国出口没有太大的联系[②]。

2005 年，中国在对人民币进行汇率改革后，人民币对美元的名义汇率就保持着持续上升的状态，但是据相关数据显示，中国出口的贸易总额并未因此受到太大影响。如图 6-2 所示，自 2005 年以来，中国的对外出口总额整体上处于上升阶段。受 2008 年全球金融危机的影响，2009 年我国对外贸易总额出现了一定幅度的下跌。

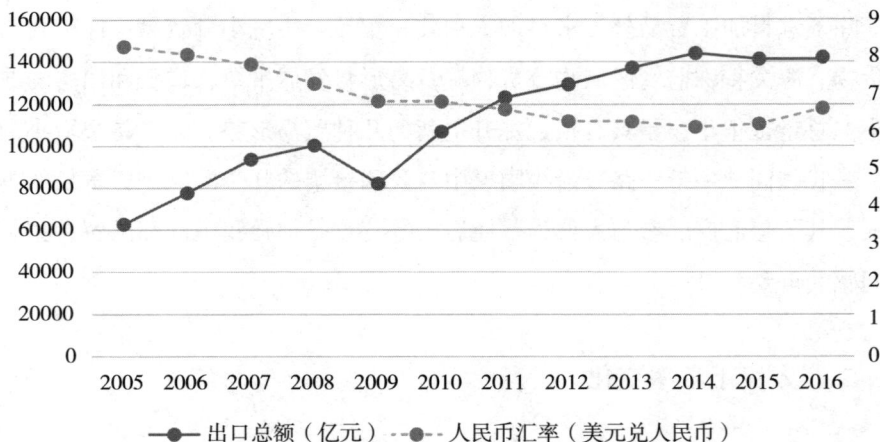

图 6-2　人民币汇率变化与中国出口总额变化趋势图

数据来源：中国国家统计局与中国人民银行。

---

① 陈学彬，徐明东. 人民币实际汇率变动对我国进出口贸易影响：1997-2006［J］. 亚太经济，2007（3）.

② 周文贵，陈梁. 人民币名义汇率变动对中美贸易收支影响的研究——基于毕肯戴克—罗宾逊—梅茨勒条件视角的实证分析［J］. 广东金融学院学报，2011.

如图 6-3 所示，在 2005—2008 年、2012—2015 年这两段时期内，中国出口贸易的增速随着人们币汇率的升高而下降；而与之相应的是 2016 年人民币出现小幅度贬值的同时，出口增速也上升了一定幅度。而 2009—2011 年中国出口贸易出现的大幅度波动在一定程度上是受金融危机影响，因此忽略不计。在综合考虑外部需求扩大、国际金融结构性风险等因素的综合影响后，可以看出在观测期内人民币汇率的变化对中国出口的影响的作用是比较显著的。

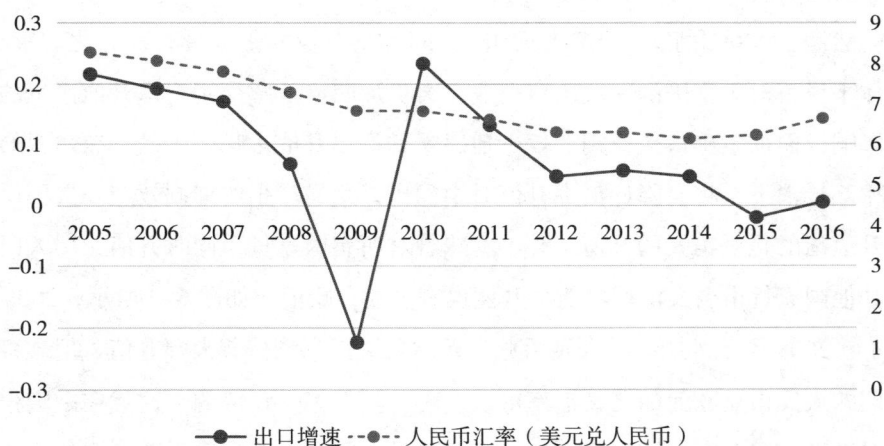

图 6-3　人民币汇率变化与中国出口增速变化趋势图

数据来源：中国国家统计局与中国人民银行。

注：出口增速 =（本年出口总额 − 上年出口总额）/ 本年出口总额 ×100%

在外部需求，出口退税率等其他因素的作用下，名义汇率升值对出口的影响很有可能被弱化。以下三个方面可能会弱化其作用。

首先，名义汇率与实际汇率的变化并不属于同一个概念，也就是说名义汇率与实际汇率并没有实现完全地挂钩。人民币名义汇率的升值有时可能会使其实际汇率实现升值，但也有可能存在其实际汇率的贬值。当人民币名义汇率升值并未带动其实际汇率升值时，那么名义汇率的升值则不会对中国出口产生较大的负面影响；而当人民币实际汇率随其名义汇率实现同步升值时，但由于存在价格黏性，人民币实际汇率的升值幅度在实际上则会低于其名义汇率的升值幅度。且由于人民币名义汇率在升值前存在低估，即便低估多少难以准确预估，但是名义汇率与实际汇率低估共存。于此事下，实际汇率最开始的升值仅是向均衡汇率的回归，因此汇率的升值则不会抑制出口。而在接下来的阶段中，汇率被低估的缺口会被有效地封闭，则此时人民币名义汇率和实际汇率的升值才会对出口产生抑制作用。总而言之，人民币名义汇率的升值对中国出口也存在明显的滞后效应，符合 J 曲线效应。

然后，人民币汇率升值对于中国不同类型企业的来说具有差异化的影响。具体来说，对于中国的一般出口企业，会更加明显地感受到汇率升值产生的负面影响，而加工出口企业则会较少地感受到汇率升值影响。于是，在两者的效用相互抵消下，将会降低汇率升值对中国出口贸易产生的抑制效应。人民币汇率升值指的是对美元的升值，并不意味着对所有国家货币同时升值，即人民币对其他国家货币名义汇率可能会升值也有可能会贬值。如图 6-4 所示，2005 年 7 月至 2008 年 7 月期间，人民币兑美元的名义汇率维持着大幅升值，但观察同时期的人民币兑欧元的名义汇率可以发现，其汇率是贬值的，这就在一定程度上促进了中国对欧洲国家的出口。由此可见，同一时期人民币兑不同外币的汇率存在着差异，由此可见不同国家的出口的影响各不同。由于中国现如今与许多国家都有贸易往来。所以这种多元化对于由人民币兑美元名义汇率的升值对中国出口产生的负面效应有一定的缓冲作用。

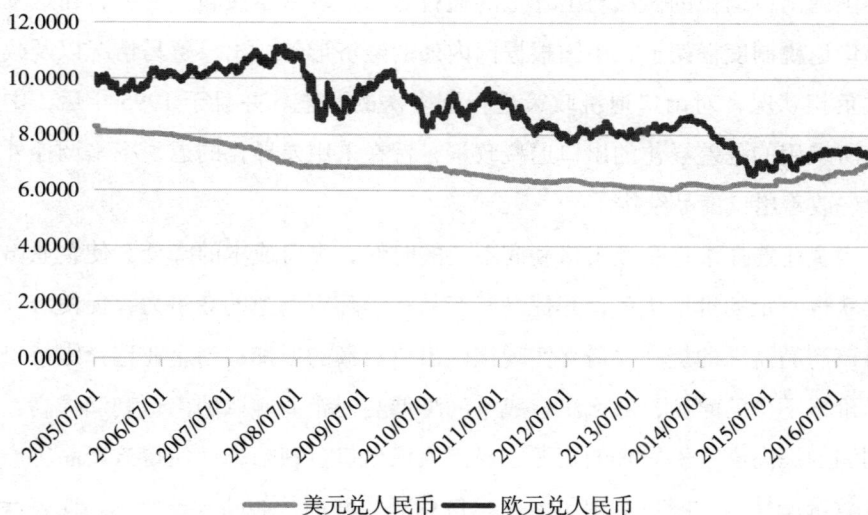

图6-4 美元兑人民币与欧元兑人民币变化趋势图

数据来源：中国人民银行。

人民币汇率也只是影响中国对"一带一路"沿线国家出口的原因之一，同样对国家出口有影响的还有邻国效应以及"一带一路"沿线国家和地区的收入水平。所以在其他因素的影响下，人民币汇率升值对于中国向"一带一路"沿线国家和地区出口的影响被弱化并且存在明显的时滞效应。

三、出口退税制度

出口退税是指将用作出口的商品在生产、销售过程中所缴纳给国家的间接税款全部或部分退还给企业，以使得出口的商品以不含税或含部分税的较低价格进入海外市场中，这通常是一国政府所采取的一种财政手段，目的在于增强本国出口产品在海外市场上的竞争力，这也是被世界贸易组织（WTO）所允许采用的用于促进出口的一种惯常措施。

中国出口退税制度的建立始于1985年，并于1994年进行了税制改革；取消了产品税的出口退税，并形成了以消费税、增值税为基础的出口退税机制，使得国内出口退税的做法与国际上的通行做法实现基本接轨。之后，在这基本的出口退税制度框架下，中国根据国内外的经济形势、出口贸易情况以及政府财政负担状况，对出口退税政策进行了多次的调整。并且于 1995 年后，中国一直所采用的是差异化的出口退税政策，旨在采用差异化的退税率来调控外贸出口、改善出口商品结构。

当企业选择维持企业出口利润不变的时候，出口成本的降低会使企业出口产品获得一定的价格优势，并提高其产品在国际市场上的竞争力，促使海外市场对该产品需求的提高，最终实现该国出口总额的增加；当企业选择维持出口产品价格不变的时候，那么出口成本的降低会使企业赚取的出口利润提高，出口利润的提高会吸引更多的资源选择流入该出口行列当中，使得该产品生产和出口数量增加，最终也实现了该国出口总额的增加。如图 6-5 所示，D 表示国际需求曲线，S_1 表示当一国选择不实施出口退税时的国内产品供给曲线，P_0 与 Q_0 为此时的均衡价格与均衡供给量。当一国选择实施出口退税时，就会在一定程度上减少企业出口的成本，并会吸引更多的企业出口该种产品，从而导致国内产品供给曲线由 S_1 向右移动到 S_2，并达到新的均衡点，P_1 与 Q_1 为此时均衡价格及供给量。出口增量的大小在一定程度上取决于出口产品的国际需求弹性与国内供给弹性的大小，若两种弹性越大，则出口增量越大，反之越小。所以当一国选择实施出口退税政策时，理应将出口产品的供给及需求弹性考虑在内，并对不相同产品采取有差别的出口退税率。中国就选择实施了有差异的出口退税率政策，据事实表明，中国实施的这种出口退税制度已然对中国出口产生了较大的作用。并且国内有很多学者通过研究发现，随着中国出口退税额的不断增加，中国出口总值也得到了快速地增长[1]。此外，也有部分国内学者发现中国将出口退税率提高后也对其出口产生了一定的拉动作用[2]。

---

① 段志顺. 我国出口退税影响出口贸易与经济增长的理论及实证研究［D］. 长沙：湖南大学，2007.

② 金红. 出口退税对出口、经济增长及财政收入的影响［J］. 中国统计，2003（8）.

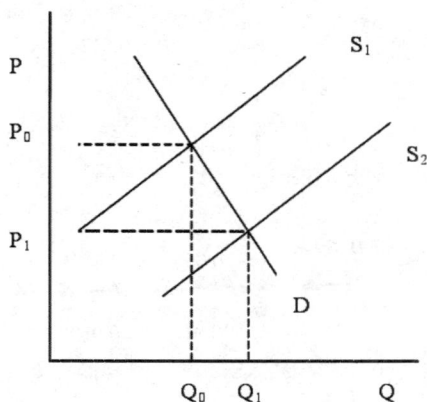

图 6-5　需求供给模型图示

　　近年来，中国出口贸易得到了快速的增长，但是迅速扩大的贸易顺差也导致了许多矛盾，为了缓解矛盾，优化出口产品的结构，抑制"高耗能、高污染、资源性"产品的出口。中国分别于 2004 与 2007 年降低了劳动密集型产品和"高耗能、高污染、资源性"的产品出口退税率，并且提高了高新技术等高附加值产品的出口退税率。此外，在 2009 年，中国为了缓冲 2008 年金融危机对产业出口带来的负面影响，便提高了对各类产品出口的退税率。

　　如图 6-6 所示，高新技术产品的出口比重自 2000 年来就一直处于上升阶段，即便是在金融危机的打击下，该行业出口比重也没有出现大幅度下降，并在 2011 年恢复上涨，这说明一直对高新技术产品实施的高出口退税率政策在一定程度上稳定并促使其出口。自 21 世纪以来，初级与劳动密集型产品的出口比重一直处于下降中，说明中国对该类产品所采取的较低的出口退税率在其中起到了一部分的作用。2009 年以后，这些产品出口比重的下降趋势逐渐缓慢，说明为消除金融危机的影响而采取的高出口退税率政策在一定程度上稳定了其出口。

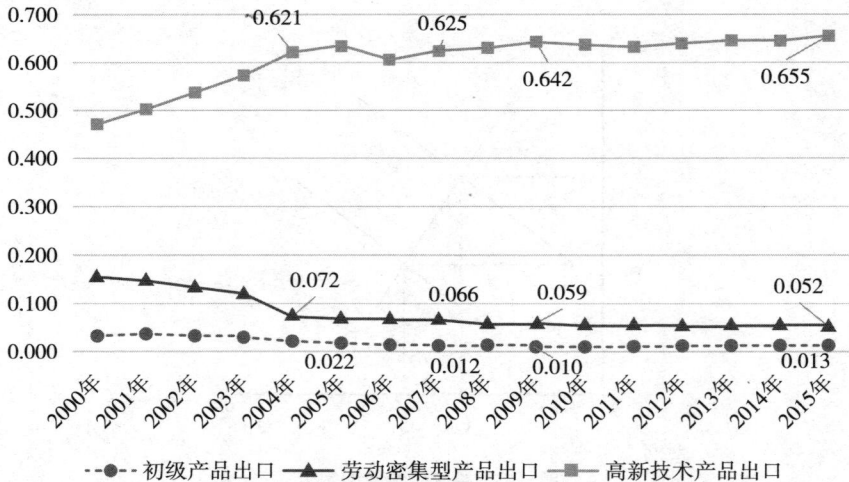

图 6-6　主要出口产品出口比重变化

数据来源：中国国家统计局。

　　近几年来，在"一带一路"倡议及中国差异化出口退税政策的推导下，中国向"一带一路"沿线国家所出口的高新技术产品总额占制成品出口总额的比重逐年上升，表明中国对高新技术行业实施的较高的出口退税率在一定程度促进了该类产品向"一带一路"沿线国家的出口。中国政府应继续实行并完善差异化出口退税政策，使得其对产业转型发挥最大的指导作用，促进产业结构调整与升级。同时中国企业也应该抓住"一带一路"这一机遇，跟随政策指导，减少低附加值产品的生产与出口，增加高附加值产品的生产与出口，实现自身的转型。

第二节　中国对外出口的金融成本分析

　　企业的发展离不开融资。随着我国市场经济的快速发展，企业对融资的需求越来愈高，但我国的金融体制决定了间接融资为主、直接融资比重较小的企业融资格局，我国中小企业具有高成长性、高风险性等特点，这也导致了中小企业面临融资难的问题。在本质上，现有金融体制与中小企业的融资特征并不匹配，在间接融资体系下，中小企业融资难的问题具有内生性，在现行金融市场结构下，银行等大型金融机构天生不适合为中小企业服务[1]。这在很大程度上增加了我国出口导向型企业的金融成本。

一、出口企业金融成本的定义和概念

通常学界将出口贸易中的金融成本划分为以下几个部分：为了生产、销售出口商品所发生的融资、出口信用保险和运输保险等方面的成本支出[2]。如表6-2和表6-3所示，如果企业出口的商品想要盈利，那么其美元定价的成本必须控制在换算成人民币之后的定价水平之下。

表 6-2　以 CIF 定价的出口商品价格构成

成本	生产成本	
	加工成本	
	进货成本	
费用	国内费用	加工整理费用
		包装费用
		保管费用
		国内运输费用
		拼箱费用
		银行费用
		杂费
	国外费用	国外运费
		国外保险费
		中间商佣金
预期利润		

---

[1]　林毅夫，李永军.中小金融机构发展与中小企业融资 [J].经济研究，2001，01: 10-18+53-93.
[2]　林九江.降低出口金融成本的关键在哪儿 [J].国际融资，2013，(09): 46-52.

表 6-3 出口企业的金融成本

融资	生产过程中的融资	直接融资
		间接融资
	销售过程中的融资	流动资金贷款
	出口过程中的融资	出口信贷
费用	银行费用	贴现
		贷款利息
		手续费等
	杂费	
保险	运输保险	海洋运输货物保险
		陆上运输货物保险
		航空运输货物保险
		邮包保险
	出口信用保险	

通常企业的金融成本高低是与企业自有资金币种密切相关的，企业在生产和销售过程中自身资金比例越大，则融资成本可能越小，反之，企业如果非常依赖贷款和融资，那么其金融成本则可能很大。除此之外，为货物投保的保费水平高低直接影响金融成本，保险的种类也是同理。

二、中国企业金融成本分析

从企业的财务管理角度分析，通常将企业的融资渠道分为两个，即内源性融资和外源性融资。顾名思义，内源性融资即企业从内部进行资金筹措，不依赖外部资金，将企业内部存留的收益转化成实收资本，或者通过企业内部成员出资的形式进行融资；而外源融资的方式则为从企业外部寻找资金进行融资。从融资方式的操作性而言，内源性融资简便易行，是企业创办初期和成长期的主要融资渠道，而当企业成长进入高速发展阶段、所需资金数目巨大时，或者企业营收状况不容乐观时，内源性融资便不再是企业融资的首选。

目前，企业通常采用两种渠道进行外源融资，根据与出资人的关系可分成直接融资和间接融资。直接融资是指企业通过公开发行股票或债券换取资金支持，分被称为股权融资和债券融资。股权融资的成本是支付股利，股利是在缴税之前进行支付的，不能抵扣税金；债券融资的成本是企业偿付本息，但是与股权融资的区别在于利息是在缴税之后进行支付的，利息可以抵扣税金。因此从成本上来说债券融资比股权融资成本要低廉。间接融资的最主要形式是向金融机构贷款，这也是我国企业目前融资的最主要手段。间接融资的成本即支付利息，通常而言银行贷款利息最低，其他金融机构利率高于银行贷款，民间借贷的利息甚至高达3分。由此可知，直接融资的成本高于间接融资的成本。

从融资可行性角度分析，股权融资和债券融资的门槛较高，中小企业往往达不到发行债券和上市的标准。比如我国《证券法》规定，公司上市必须满足连续三年盈利和企业资产规模达到5 000万元两条标准，这两条标准绝大部分中小企业无法达到。而在间接融资中，中小企业往往遭遇贷款难的境地，银行出于自身盈利和风险控制的角度，往往对中小企业、经营风险高的企业"惜贷"，大企业尤其是国有企业则相对容易获得银行青睐。这造成了我国中小企业贷款难的现状，因此2015年P2P一度甚嚣尘上，这便是企业贷款难的一个有力佐证。

三、出口企业金融成本的特殊性

实际上融资成本在行业间是有差异的，而出口企业的特殊性也导致了其金融成本高企的特点。自次贷危机以来，世界各国经济疲软，外部需求乏力，我国贸易依存度为37%左右，因此受到了重要影响，出口贸易一片萧条。而我国外贸行业经历了几十年的两位数增长，扩张迅速而盲目，缺乏抵御金融危机的经验和能力，因此在这次金融危机中受到重创。我国大量的出口企业都存在客源单一的特点，为了争取客户，出口企业采取价格战策略，或者通过延迟收款来取悦客户，这些因素造成了出口企业流动性下降，而延收的货款部分转变成了呆账、坏账，进一步造成企业资金流动性下降。

我国传统出口行业中，如纺织业、制鞋业等劳动密集型行业中，企业流动资产月周转次数普遍低于其他行业（详见附表二），说明这些行业本身便存在资金流动性差的属性，加上金融危机的冲击，造成企业资金短缺的问题便是情理之中的。

目前我国中小企业倾向于选择民间借贷的形式进行直接融资，因为这种融资渠道不存在"惜贷"的问题，但是成本却高出银行借贷很多倍。我国法律规定，在银行贷款利率4倍以内的民间借贷受法律保护，不属于高利贷范围，因此，民间借贷成本普遍徘徊在30%左右。根据温州市金融办公布的"温州指数"显示（如表6-4所示），温州的民间借贷利率近年来虽然呈现下降趋势，但仍然很高，对于利润率越来越低的制造业来说压力不可小觑。

表6-4　温州民间借贷利率："温州指数"

指标名称	社会直接借贷利率	综合利率	小额贷款公司利率	民间借贷服务中心利率
2014-03	18.01	20.07	18.40	16.15
2014-06	17.47	20.16	18.28	16.60
2014-09	16.85	20.27	18.29	16.26
2014-12	17.31	20.01	17.84	18.85
2015-03	16.71	19.59	17.92	16.66
2015-06	16.87	19.32	17.63	15.59
2015-09	15.53	18.95	16.87	16.57
2015-12	15.11	18.62	16.81	16.29
2016-03	15.46	18.67	16.51	16.20
2016-06	16.48	17.90	16.82	16.19
2016-09	15.91	16.73	16.49	14.04
2016-12	14.46	16.18	15.85	15.27

数据来源：温州市金融办。

另外，在通货膨胀、人民币升值和劳动力报酬上涨的环境下，出口企业的利润进一步被压缩，融资压力也随之增大，因此出口企业的融资成本随资金需求数量的扩大而提高，这便是我国出口企业尤其是中小出口企业金融成本高的原因。

第三节 劳动力成本

劳动力成本是指在一段时间内，企业或单位支付给被其雇佣的劳动者的所有费用。通常来说，劳动力成本就只包含企业支付给被其雇佣的劳动者的工资。但是广义上来讲，劳动力成本除了包括一般的工资与薪金外，还包含了各种以物质及非物质表现的福利，如企业提供的职工住房、社会保障、实物的发放、职工福利及教育培训等方面的费用[①]。古典贸易理论指出，发挥比较优势是一个国家参与国际贸易的前提，对于一个劳动力相对丰富的国家，劳动力成本的上升无疑将削弱其出口优势。但是新贸易理论指出，规模效应是一国出口贸易具有比较优势的原因，并认为如果规模经济在一国出口中发挥了更大的作用，那么该国劳动力成本的上升对于其出口贸易的影响将较为有限。

一、中国劳动力成本现状

自中国于 20 世纪 70 年代实行改革开放政策以来，中国以其低廉的劳动力使得本国的外贸出口实现了快速地增长。但是进入 21 世纪以来，随着中国经济的增长、人民生活及教育水平的上升和政府规定的最低工资标准的不断上升，使得中国劳动力成本一直处于快速的上升趋势。如图 6-7 所示，自 2003 年以来，中国平均名义工资增长了 4.44 倍，平均实际工资也增长了 3.17 倍。

---

① 国际劳工组织（ILO）对劳动力成本的定义。

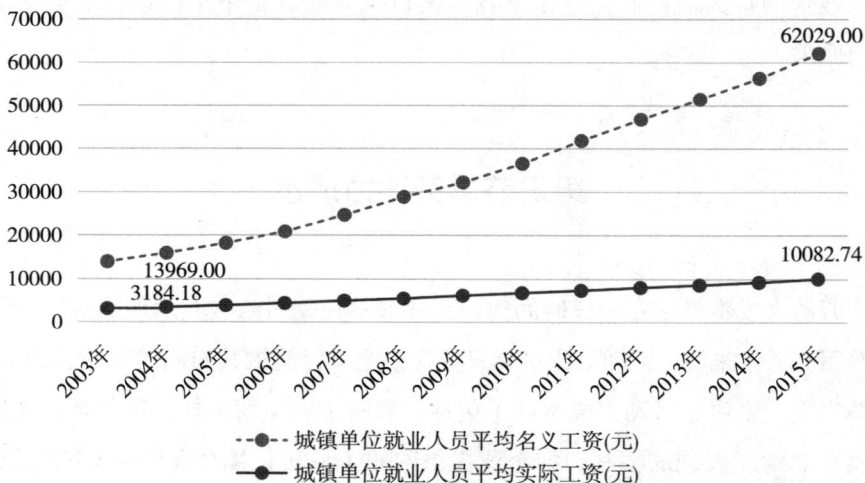

图6-7 中国平均名义工资和平均实际工资变化趋势

数据来源：中国国家统计局。

　　由于中国的劳动力成本不断上涨，自2004年以来，中国沿海地区已经开始出现因廉价劳动力短缺的"民工荒"现象，并且这种现象甚至出现在了中国内陆地区[①]，这对中国出口产生了巨大的冲击，尤其是对劳动密集型行业的产品出口产生的影响更大。通过国际贸易理论可以知道，国际贸易发生的本质即为一国出口本国具有比较优势的商品，进口其具有比较劣势的商品。劳动力成本的上涨增加了中国出口企业的成本，那么企业只能以更高的产品价格向国外出口产品，这就在一定程度上削弱了其价格的比较优势。在其他条件保持不变的情况下，中国劳动力成本的提高将会对其出口贸易的增长产生较为明显的负面影响。对此，国内许多学者也进行了分析研究。大部分实证研究表明，中国劳动力成本的上升会对出口产生较大的负面影响[②]，并且对不同行业产生的影响不

① 蔡昉."民工荒"现象：成因及政策涵义分析［J］. 开放导报, 2010(2).

② 陈虹.国际劳工标准对中国劳动密集型产品出口影响的实证研究［J］.经济问题, 2009(10).

同[①]。但是劳动力成本的上升既是挑战也是机遇，中国正好可以利用此次机会，实现产业升级，减少劳动力密集型产品的出口，促进高新技术等高附加值产品的出口。

二、中国出口企业劳动力成本行业分析

通过观测中国制造业劳动力成本（如图 6-8 所示）在这些年里的变化可以发现[②]，制造业的平均名义与实际工资都处于不断上升的阶段中。在 2003—2015 年期间，中国制造业的平均名义工资从 12 671 元增长到 55 324 元，增长近 4.37 倍；平均名义工资从 2 888.31 元增长到 899 285 元，增长近 3.11 倍，这些都说明了我国制造业劳动力成本的上涨已经是一个不争的事实。

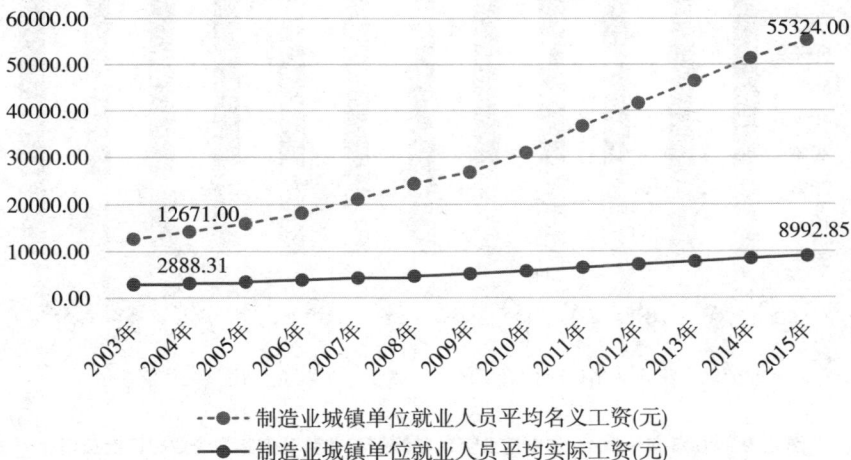

图 6-8　2003-2015 年制造业平均名义工资及实际工资

数据来源：中国国家统计局。

注：实际工资以 1978 年为基期的价格平减得到。

① 铁瑛，张明志. 工资上升对中国出口贸易的影响——基于工业行业面板数据的实证研究 [J]. 国际贸易问题，2015(11).

② 由于数据的可得性，本书选用2003—2015年的城镇单位就业人员平均工资作为全国平均名义工资，制造业城镇单位就业人员平均工资作为制造业平均名义工资，且用工资代表劳动力成本。

在全球大分工的背景下，西方发达国家主要负责核心技术的研发、出口高新技术产品，像中国这样的发展中国家则主要是负责一些产品的制造、并出口部分劳动密集型产品，这样的分工状况也同样出现在中国制造行业中。本书根据之前学者计算得出的资本密集度①将中国主要的 28 个制造行业分成为 12 个劳动密集型的行业与 16 个非劳动密集型的行业（如图 6-9 所示）。2003—2015 年，非劳动密集型的企业出口总值远远小于劳动密集型的企业的出口总值，这就说明在中国制造行业的出口中，占领着出口主导地位的依旧是劳动密集型产品的出口。

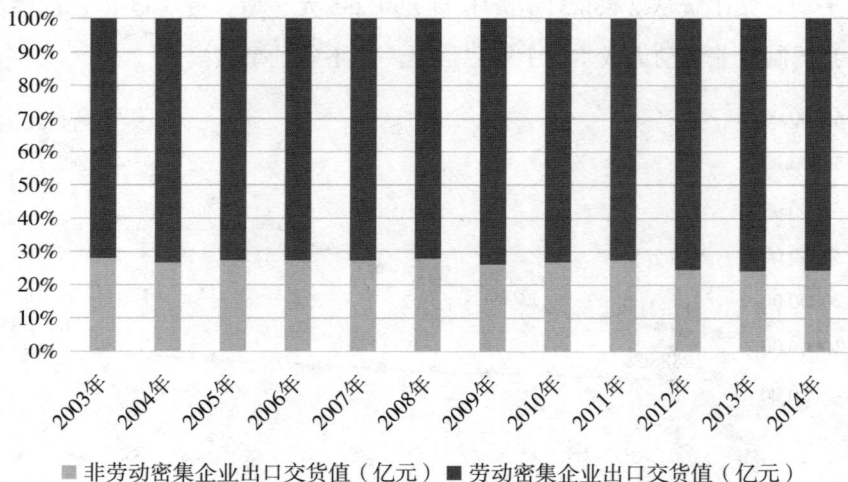

图 6-9　2003 年—2015 年制造业劳动密集型与非劳动密集型企业出口交货值比

数据来源：中国国家统计局。

如图 6-10 所示，不难发现，在 2003—2014 年间，劳动密集型的企业出口份额一直高于非劳动密集型的企业，且在这段时间里，劳动密集型企业出口份额的下降趋势十分明显，其出口份额从 2004 年的 0.41 降低到了 2014 年的 0.23，

① 曲玥，蔡昉，张晓波."飞雁模式"发生了吗？——对1998—2008年中国制造业的分析［J］. 经济学（季刊），2013.

减少幅度约为 0.18，高于非劳动密集型企业的减少幅度，这说明中国劳动力成本的上升对该类型企业的出口产生的负面影响更为明显，但对于非劳动密集型企业出口产生的负面效应则较为有限。所以中国应抓住机会，积极实现产业升级，出口非劳动密集型、高附加值产品的出口，以减少劳动力成本上升对出口的负面影响。

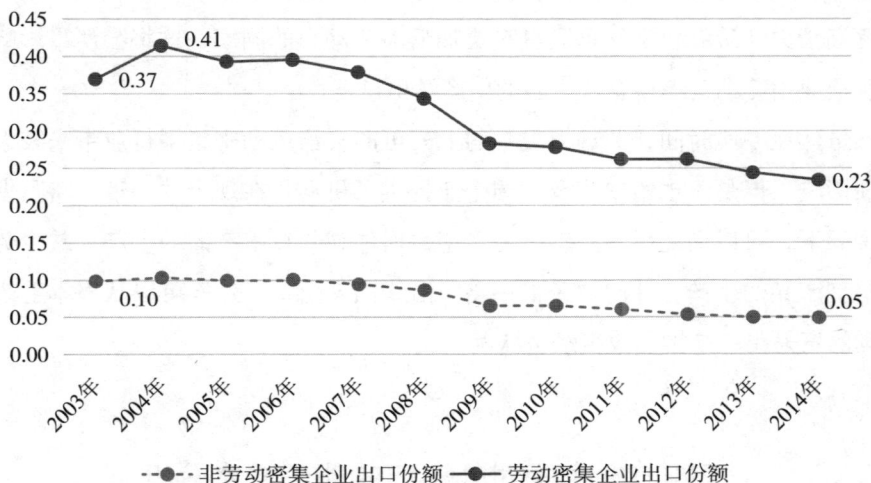

图 6-10　2003-2014 年制造业劳动密集型与非劳动密集型企业出口份额走势

数据来源：中国国家统计局。

注：企业的出口份额 = 企业的出口交货值 / 企业的销售产值

三、中国出口企业劳动力成本的国际比较

2014 年，中国工业发展报告指出，中国制造行业的工资平均水平已经超过了大多数的南亚和东南亚国家，最高的已经超过 6 倍之多。21 世纪初，中国工人的平均工资只有墨西哥工人平均工资的 0.3 倍，而 2013 年，中国工人的平均月工资已比墨西哥工人平均月工资高出 0.5 倍，比越南工人的平均月工资高出了 1.68 倍。数据显示，在 2000 年，有 4 成的耐克运动鞋是由中国制造的，而

由越南制造的耐克运动鞋只有13%。而到2013年时，只有3成的耐克运动鞋在中国制造，而由越南制造的耐克运动鞋的数量则猛增到42%。由此可见，中国的劳动力成本相比其他发展中国家的快速增长，在很大程度上影响了中国制造业的生产及出口，已经导致了部分劳动密集型企业将工厂从中国沿海地区转移到了缅甸、越南等国家。虽然也有一部分制造工厂从东南沿海转移到了中西部地区，但随着各地区劳动力价格差距的缩小，这些地区所带来的成本优势也会逐渐消失，最终也会转移到具有更加低廉劳动力的国家，这将会严重影响中国制造业中劳动密集型企业产品的生产及出口。

虽然在一段时间，劳动力成本的上升可能会给劳动密集型行业带来较大的负面影响，但是这也给中国及中国企业提供了机遇。在现今"一带一路"倡议的推导下，可以借此机会推动产业转型，增加高新技术产品的生产，减少劳动密集型产品的生产，并向"一带一路"沿线国家出口，这样可以从根本上改变我国的贸易出口结构、改善经济状况。

第四节　中国对外出口的能源成本分析

一、中国对外出口的能源成本现状

进入21世纪以来，中国的经济得到快速的发展，在对外贸易方面，货物出口贸易的增长速度最快，货物贸易出口总额稳居世界第一。但是出口贸易的快速增长带来的是我国能源消费的巨大增长，根据英国石油公司（BP）发布的《世界能源统计年鉴2016》来看，2015年中国占全球能源消费总量的23%，仍然是世界上能源消费最大的国家。虽然中国具有丰富的自然资源储备，但是由于中国人口众多，因此我国人均能源储备相对紧缺。正如图6-11所示，为解决经济发展所需能源问题，自2001年至2014年，中国能源进口总量增长近

5.74 倍，相比之下能源消费总量增长仅为 2.83 倍，表明我国对外进口主要能源的需求正快速扩大。因此，国际能源的价格对中国进出口贸易的发展有重要的影响。图 6-12 为世界贸易组织统计的国际市场中主要能源价格走势，由图可知，自 2001 年至 2010 年，国际市场中原油价格增长 3.25 倍、煤炭价格增长 3.06 倍、液化天然气价格增长 2.34 倍。而另一方面，我国主要出口的工业制成品在国际市场中的价格增幅仅为 40%。因此，我国出口商品中包含较高的隐含能耗，杭雷鸣与孙泽生（2010）利用投入产出表测算得出 2007 年我国出口隐含能耗占能源消费总量的 48.3%，而此指标于 2002 年仅为 25.7%。2008 年金融危机后，世界经济复苏乏力，由于我国出口商品中的隐含能源成本提高，外加中国人力成本优势的减弱，我国出口贸易严重受阻。

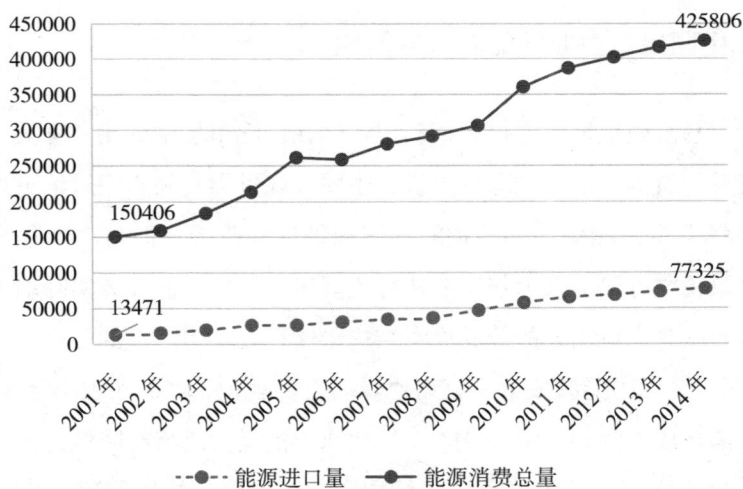

图 6-11　2001—2014 年中国能源消费总量与进口总量趋势图

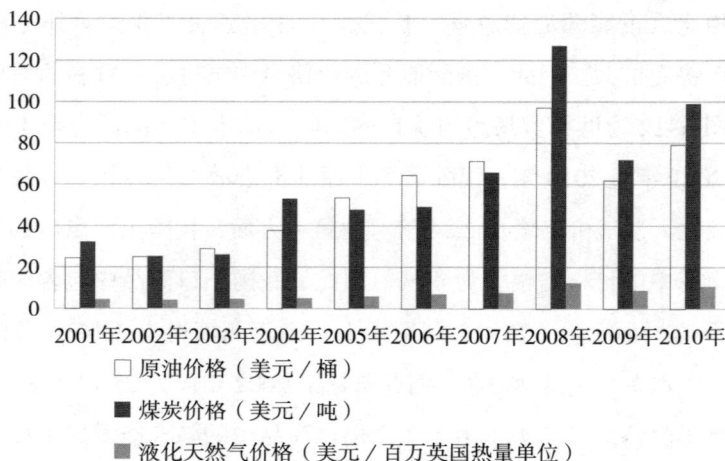

图 6-12　2001—2010 年世界主要能源价格

二、中国出口企业的能源成本结构

国际贸易打破地域生态界限，利用各国在国际市场中的比较优势，从而达到高效资源配置的目的。从理论上讲，中国加入世界贸易组织后，更加完全竞争性的市场会带来能源效率的提升和能源结构的改善。但是由于我国对出口企业在财政税收方面的大力扶持，使得我国出口制造产业并无实际动力优化其能源成本效率，出口商品的能源成本结构仍然存在较为严重的不合理现象。如图 6-13 所示，我国能源成本一直以原煤居首要地位，2003 年原煤消耗成本占整个能源消耗成本的 69.3%，2014 年虽然原煤消耗占比略有降低，但是依然高达 66%。相比之下，我国能源成本结构中，天然气、核能等清洁能源消耗成本占比虽正逐步提高，但是仍然处于较低水准。自 2008 年开始，我国开始着力发展再生能源，政府及相关部门出台了一系列政策促进再生能源的开发与利用，进而加快能源成本结构的优化转型。但是由于我国再生能源的研发技术依然落后于发达国家，致使再生能源在我国依然处于研发及示范阶段，至 2014 年，我国能源成本结构中再生能源占比仅为 1.8%。世界主要国家的一次能源成本结构如表 6-5 所示，从中可以看到，世界能源成本结构中原煤消耗占比仅为 30%，而天然气消耗占比高达 23.7%，再生资源消耗占比也高于同期中国的再生资源消耗占比达 2.5%。世界主要发达国家中，美国原煤消耗占比仅为 19.7%，天然气与再生能源的消耗占比高达 30.2% 和 2.8%。英国的再生能源消耗占比已高达 7%，天然气和原油是其主要的能源成本。目前我国依然处于开发利用新能源的初级试验阶段，要实现如发达国家般高效利用清洁能源还需漫长的探索过程，只有国家大力推动供给侧改革、推行能源结构调整与能源效率优化等举措才能在实质上解决出口企业能源成本居高不下的难题，以此拉动我国对外贸易产业在经济"新常态"时期实现转型升级，促使我国经济平稳度过结构性调整的阵痛期。

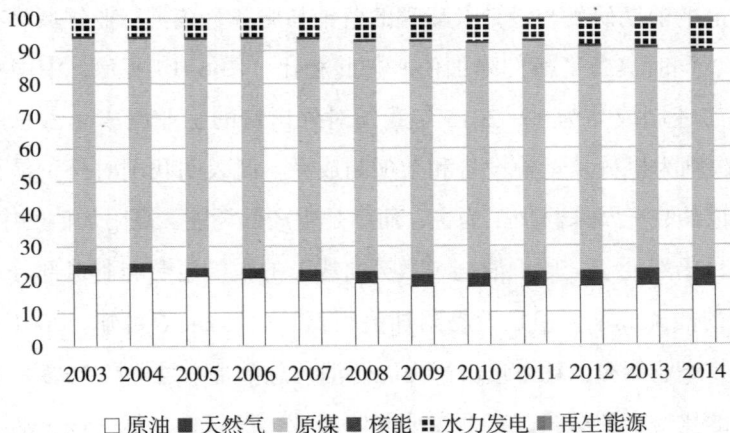

□ 原油 ■ 天然气 ▨ 原煤 ■ 核能 ▥ 水力发电 ■ 再生能源

图 6-13 中国一次能源成本结构

表 6-5 世界主要国家一次能源成本结构（%）

	原油	天然气	原煤	核能	水力发电	再生能源
世界	32.6	23.7	30.0	4.4	6.8	2.5
美国	36.4	30.2	19.7	8.3	2.6	2.8
加拿大	31.0	28.2	6.4	7.2	25.6	1.5
英国	36.9	31.9	15.7	7.7	0.7	7.0
德国	35.9	20.5	24.9	7.1	1.5	10.2
日本	43.1	22.2	27.7	—	4.3	2.5
法国	32.4	13.6	3.8	41.5	6.0	2.7

三、中国出口企业能源成本行业分析

鲍德温（2014）指出自 20 世纪 90 年代以来，由于通信技术的变革带来了第二次全球化浪潮，改变了曾经以跨境贸易为主的全球化格局，而是利用高效的通信手段将商品、服务、技术、资本和人力等在全球范围内进行配置，商品的生产过程被分割为不同的阶段分布在世界上的不同国家，此为全球价值链。在此次全球大分工的背景下，西方发达国家主要负责商品的设计与核心部件的研发，而商品的大规模装配则由新兴发展中国家完成。由图 6-14 的全球价值链中的"微笑曲线"可以发现，发达国家控制着全球价值链的前端与后端，着力负责商品的前期研发与设计及后端的营销与服务，该类行业领域具有较低的能源成本，同时具备高额的附加值。与此相比，图 6-15 所示，中国对外出口中依然以工业制成品为主，2015 年我国对外出口的工业制成品占总出口额的90%，其次则为机械及运输设备和杂项制成品，此表明我国对外贸易行业依然以低附加值的装配及来料加工为主，而不是生产低耗能、高附加值的中间产品，因此我国目仍然处于全球价值链"微笑曲线"的中端生产与制造部分，因此造成了很高的能源成本，但是贸易附加值很低。由图 6-16 可知，2001—2014 年我国的第二产业能源消耗总量占国内能源消耗总量基本维持在 70% 左右，仍然维持很高的比重，我国第二产业主要是制造业；而以农、林、牧、渔为主的第一产业占能源消耗总量仅为 2% 左右，以交通运输、邮政业、餐饮、住宿为主的第三产业能源消耗占总量的 10% 左右。因此我国目前出口企业居高不下的能源成本与出口企业的产业结构具有密切联系，在面临世界能源价格上涨以及国际经济持续低迷的双重压力下，国内以制造业为主的出口企业应当积极寻求改革方向，通过技术创新与产业升级转型移动至"微笑曲线"的前端或者后端，通过技术研发或营销服务来提升在全球贸易中的附加价值。同时我国政府应该充分发挥其优势，大力支持知识技术创新产业，采取有效措施改造高污染、高能耗产业，充分利用"一带一路"倡议作为产业转型契机，向"一带一路"沿线国家输出高技术含量的商品，真正从供给层面改善我国经济基本面状况。

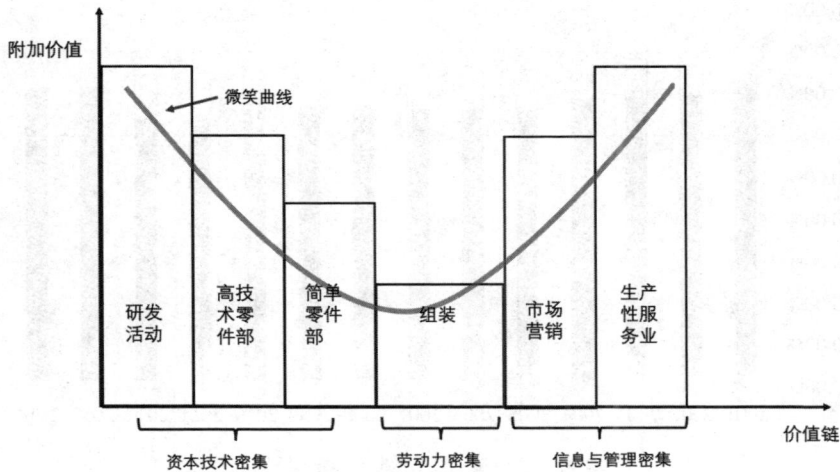

图 6-14　全球价值链中的"微笑曲线"

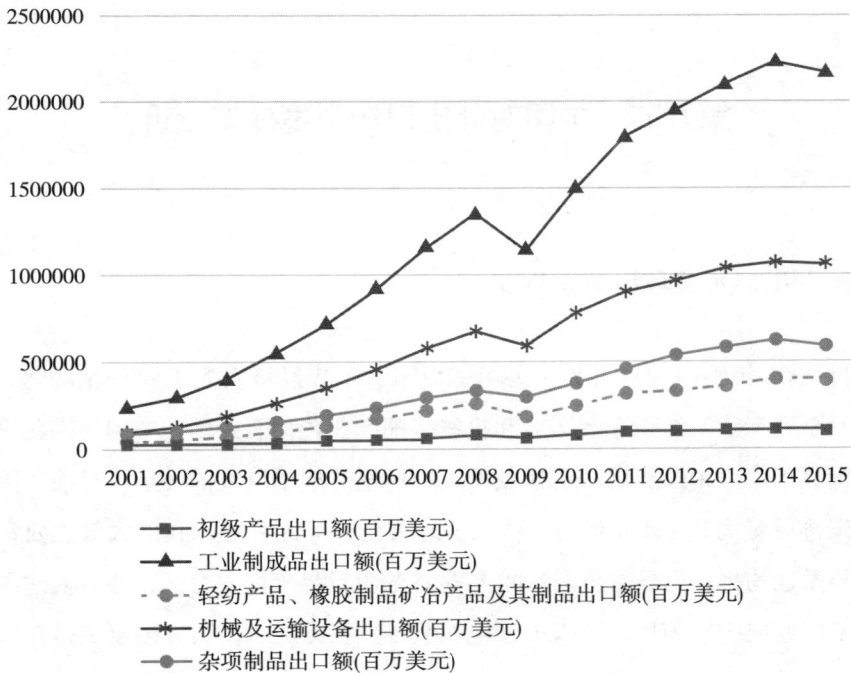

- ■ 初级产品出口额(百万美元)
- ▲ 工业制成品出口额(百万美元)
- ● 轻纺产品、橡胶制品矿冶产品及其制品出口额(百万美元)
- ＊ 机械及运输设备出口额(百万美元)
- ● 杂项制品出口额(百万美元)

图 6-15　中国商品分类金额（单元：百万美元）

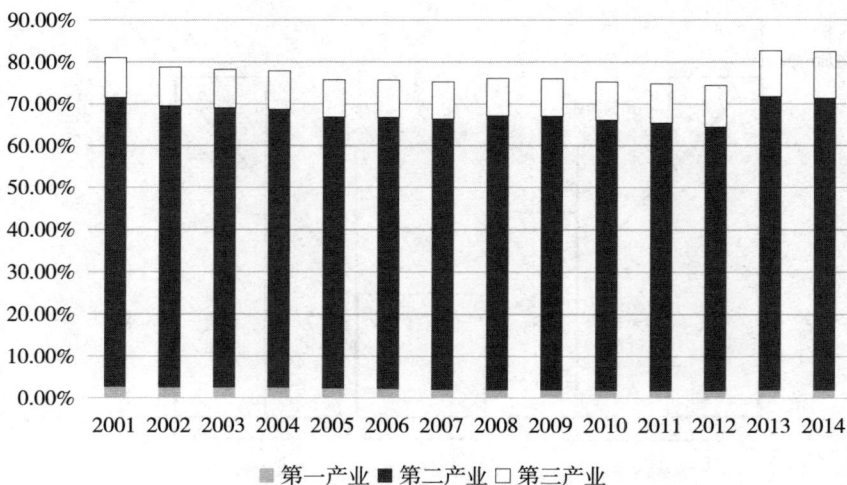

图 6-16　中国三产业能源消耗占比

第五节　中国对外出口的环境成本分析

一、出口企业环境成本现状

自 2001 年中国加入世界贸易组织以来，世界经济发生了新一轮洗牌，大量工业制造产业、纺织服装产业和机械装配产业转移至中国，中国也因此迅速成了世界工厂。中国经济的飞速发展也给环境造成了巨大的破坏，目前我国二氧化碳排放量高达 1 464 亿吨，位居全球首位，除此之外，我国大气主要污染物排放量也均排在世界首位。2009 年哥本哈根世界气候大会上，西方发达国家因环境问题向中国施压，要求中国绝对减排。在此之后，西方国家更是在双边及区域贸易战中对中国设置大量环境壁垒。如表 6-6 所示，部分西方发达国家为推动新型贸易保护主义，便利用远高于新兴发展中国家的环境质量标准作为限制进口的主要手段措施。例如日本作为我国最大的粮食进口大国，其制定的"肯定列表制"所实行的环境准入标准是我国现行环境标准的 3 至 5 倍，且大部分我国对日本出口的农产品都遵循这个标准，这也在很大程度上阻碍了我国农产品的出口。环境壁垒的出现增加了我国出口商品的成本，也增加了企业的成本。环境成本大致可分为环境保护成本与环境退化成本，环境保护成本指企业为达到本国环境保护标准及出口国的环境准入条件而支付的成本费用；环境退化成本则是将环境本身作为一项固定资产对待，其同样具有长期和多次使用的特征，因此当经济活动对环境造成污染或损害时，则类似于"固定资产折旧"进行处理。在"十三五"规划中，我国明确提出要做好环境质量改善与污染物总量控制两大重点工作，打好大气、水体、土壤污染防治的现代环保三大战役。这不仅表明我国政府对于解决环境问题的态度与决心，同时也对大量高污染、高能耗的对外出口企业提出了转型升级的要求，在我国经济结构性改革的攻坚区与深水区，环境保护与污染治理成了政府与企业亟待解决的重要问题。

表 6-6　各行业所受到的环境壁垒

行业	环境壁垒	影响
包装行业	"环境包装制品的回收率应到达 85% 以上"标准	我国的一次性餐具禁止出口西方市场，众多商品出口西方市场还需付出高额的包装废弃物的处置费用
家电行业	欧盟实施《废旧电子电气设备回收指令》	当年上海小型家电市场的出口总额降到历史低点
纺织服装业	欧盟有关国家通过的 OKO — TES100 纺织品环保标准	服装因没有达到西方市场规定的生态纺织品标准而导致被处罚金或责令回销等情况
农业	日本政府实施"肯定列表制"	各项标准大约是现行全部规定的 3 至 5 倍。标准名单涵盖了我国大部分的输日农产品

二、中国出口企业的环境成本结构

在改革开放初期，我国产品的出口具有成本低、价格低的优势，因此对外贸易得到了快速的发展。但是随着中国环境问题的日益凸显，中国出口商品的低成本核算暴露出严重的局限性，出口商品的低价格在一定程度上是因为环境成本测算的不准确性导致的。传统的环境成本结构只是单一的由"防护性"成本构成，即企业为消除环境污染对其生产经营活动产生的影响而支出的费用，但这种方法计算的环境成本并不等于所有的环境成本，远低于实际的环境成本。美国环境保护署早在 1995 年就提出新的环境成本结构，即环境成本可具体划分为传统的环境支出、潜在的沉没成本，或有成本和形象与关系成本，此类划分方法不仅包含传统的企业为治理环境污染的支出，还包括因环境污染而损害第三方的赔偿支出和使自身商誉受损的潜在支出。虽然从理论分析易知出口商品成本中应当包含其对环境损害而需产生的支出，但是环境本身在经济社会中处于公共物品，其具有非排他性与非对抗性，因此对成本定价比较困难。目前主流的环境成本核算理论有可持续发展理论、环境价值理论、外部性理论、社会责任理论等。该类核算理论主要强调环境本身具有稀有属性，并且是不可再生的资源，因此当环境受到污染时，必然需要付出一定的人力、物力进行治理，因此环境本身具有一般劳动力。以工业二氧化碳排放为例，如图 6-17 所示，自 2001 年我国年碳排放总量持续上升。为实现"十三五"规划中节能减排的目标，我国先后在北京、天津、上海、重庆、湖北、广东和深圳等 7 省和直辖市开展碳排放权交易的基础试点工作，其中湖北碳交易所总成交量可达 3 421.8 万吨，交易总额达 7.1 亿元，位居全国首位。碳排放交易将企业的排放权作为稀有商品在资本市场中交易，从而实现环境资源的内生化，企业因需花费较大成本获得排放权而不再视环境资源为公共物品，因此便会从企业内部产生环境保护升级的正向激励作用。除碳排放之外，各企业也因环境标准的提高加大对环境保护的投入。2015 年，我国治理废气成本消耗达 521.8 亿元，占整体工业环境成本的 66.4%，表明我国工业企业的环境成本结构中最为主要的是废气治理成本。治理废水成本也是我国工业企业环境成本结构中十分重要的组成部分，2015 年企业治理废水总投入达 118.4 亿元，占整体工业环境成本的 15.2%。虽然我国目前正加大环境治理投资力度，并大力引进环境资源金融机制，但是由于我国环境治理体系尚未成熟，新型环境资源金融机制也正处于摸索阶段，因此还需我国政府与相关出口企业正视环境成本核算问题，并全力落实环境治理标准，才能有效降低我国出口商品内含的环境成本，防止再走"先污染、后治理"的老路。

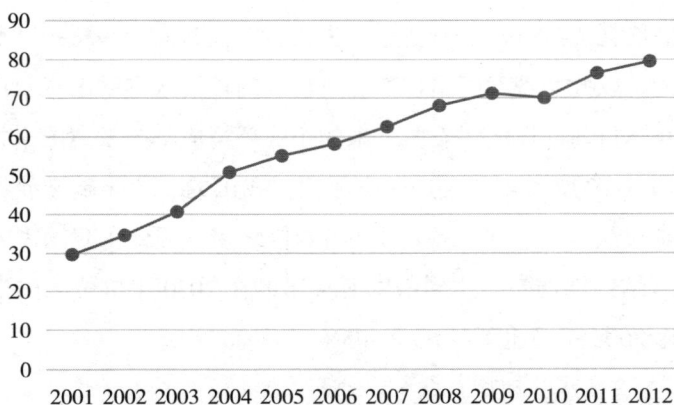

图6-17　中国年碳排放量情况（单位：亿吨）

三、中国出口企业环境成本行业分析

中国出口企业环境成本过高的问题不仅需要企业自身对环境成本的重新认识，还需企业在经济"新常态"时期对其产品经营结构与生产方式进行升级转型。在"十三五"规划的开局之年，中国政府也正着力主抓通过"去产能"来换取"新动能"，国内经济中具有明显过剩产能的钢铁、建材、有色等行业应当通过结构性改革从传统行业逐渐向风电、碳纤维等新兴产业转移。从图6-18所示可知，传统的过剩产能行业同样也是高污染排放的源头，其通常具有较高的工业废气排放量，例如电力、钢铁行业的工业废气排放量分别占总排放量的33%与24%。同时根据民间环保组织公众环境研究中心（IPE）和自然资源保护协会（NRDC）联合发布的绿色供应链企业环境信息公开指数发现，我国对外出口的IT、纺织、日化、纸制品、汽车制造等行业存在较为严重的产品供应

链污染情况。其中 IT 行业存在在生产过程中产生的铜、镍等重金属超标排放；纺织行业则对水资源污染超过了环境承载力；汽车行业中轮胎橡胶、蓄电池等生产环节会产生大量污染物从而导致水污染、固废污染及大气污染。因此，降低我国出口企业整体环境成本的主要举措应当放在产业结构调整中，通过对传统高污染、高能耗的过剩产能行业进行去化，促使其向新兴科技产业和再生新能源产业转型，以此实现我国出口产品所包含的环境成本的削减及出口产业整体的复苏。我国目前因环境污染所带来的企业环境成本与发达国家相比依然处于高位，如图 6-19 所示，与发达国家相比，我国的二氧化碳排放量巨大，是美国二氧化碳排放量的 2 倍，是日本的 7.6 倍之多。因此，我国需要进一步深化产业转型与结构性调整，达到中国所承诺的在 2030 年单位国内生产总值二氧化碳排放比 2005 年同比下浮 60%～65% 的目标。

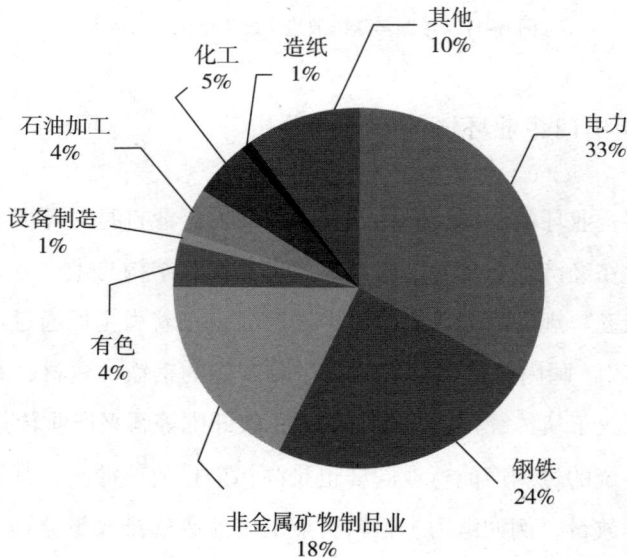

图 6-18　2015 年中国各行业工业废气排放量

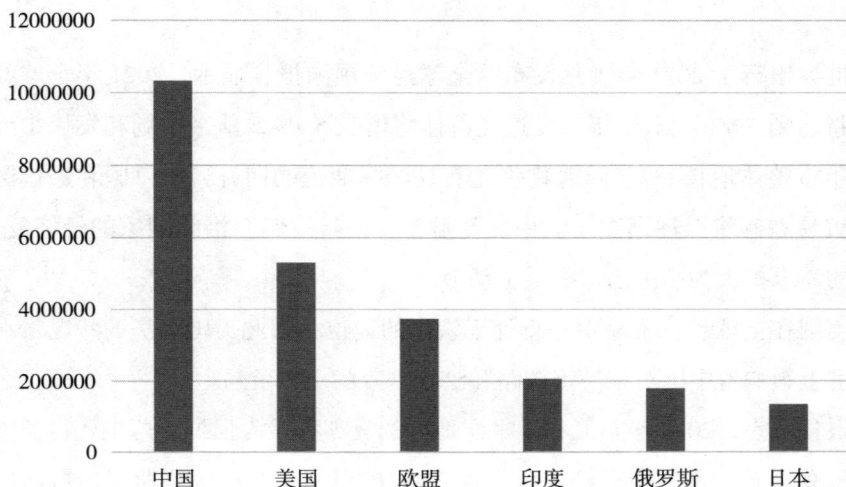

图 6-19　2015 年全球主要国家二氧化碳排放量统计（单位：万吨）

第六节　区域政治经济环境对中国向 "一带一路"沿线国家出口的影响分析

"一带一路"沿线链接地域之多、参与国家之广泛以及沿途各地区情况之复杂都为中国对外出口提出了挑战。中东欧、西亚等地历来政治局势不稳，东南亚某些国家与中国在领土等问题上存在分歧，这些国际政治问题都会影响国际贸易局势，因此中国对"一带一路"沿线国家的出口与地域政治经济环境之间有较强的联系。

一、"一带一路"沿线国家经济增长与外部需求

世界银行于 2021 年 1 月发布的全球经济预测报告显示，2021 年全球经济增速将达到 5.6%。2021 年，发达经济体将增长 5.4%，新兴市场和发展中经济体今年将整体增长 6%。随着物价尤其是国际油价的回升，出口国和进口国之间的贸易差额将会逐渐缩小。中国受益于"一带一路"沿线国家的经济复苏，外部的需求扩大为中国出口提供了动力。

美国在全球经济贸易中一直处于领先的地位，因此美国经济的状况将在很大程度上影响着中国对"一带一路"沿线国家的出口贸易。

报告认为，2021 年东亚和太平洋地区的复苏将最为强劲，这主要得益于中国的强劲增长。俄罗斯经济或可实现 2.6% 的温和增长。俄罗斯国内需求的提前复苏以及能源价格的上涨推动了俄罗斯经济的增长。

阿塞拜疆和哈萨克斯坦是本地区两大重要能源出口国，在经历了严重的物价上涨之后经济趋向平稳，但非原油经济活动的收缩也对经济发展造成了影响。2021 年 6 月 8 日，世界银行发布的报告预测，独联体国家经济增幅分别为：阿塞拜疆 2.8%，哈萨克斯坦 3.2%，亚美尼亚 3.4%，格鲁吉亚 6%，哈萨克斯坦 3.2%，吉尔吉斯斯坦 3.8%，摩尔多瓦 3.8%，塔吉克斯坦 5.3%，乌克兰 3.8%，乌兹别克斯坦 4.8%。这比世行先前的预测更令人乐观。

二、"一带一路"沿线地区政治环境稳定程度

中国提出"一带一路"倡议后，"一带一路"沿线国家均表示大力支持，这也为"一带一路"倡议的实施奠定了坚实的基础。但是目前世界不安定的因素也越来越多：大国博弈复杂化，地区冲突激烈，国际间非传统安全问题增多，以上因素使得"一带一路"沿线地区所面临风险呈现多元化趋势。

从沿线国家和地区政治大环境看，蒙古、俄罗斯政局基本稳定，中蒙、中俄间均已建立战略伙伴关系，地区安全形势趋于良好；中亚地区政治局势尚好，

但由于不同种族与教派间仍存在摩擦，故仍存在安全隐患，其中吉尔吉斯斯坦及其周边地区为经贸高危地区：曾多次发生我国外交外贸人员遭袭事件，国内政治斗争激烈、修宪频繁；南亚地区安全形势复杂，是传统的暴力冲突高发区，巴基斯坦北部与阿富汗接壤区域是"一带一路"链条构建所必须解决的不稳定环节；东南亚部分国家如缅甸、泰国、菲律宾等国内冲突剧烈、恐怖活动频繁，域内沿海国家与中国在海洋权益上的矛盾逐渐凸显，中国在该地区进行经贸活动困难较大；中东和西亚部分国家持续动荡，安全形势不断恶化，其中黎巴嫩、也门、叙利亚等国教派纷争不断、内战激烈、权力机构运行困难，对外经贸活动已基本陷入停滞；中东欧地区近年来虽面临经济滞涨、社会动荡、族群冲突等问题挑战，但国内局势较为稳定、法律基本完备、基础设施条件良好、经济结构互补性强，具备较大的与中国发展文化经贸往来的潜力，但乌克兰问题从地缘政治视角看仍为该地区的重要不稳定因素，值得高度重视。

从风险量化的角度来看，国际著名评级机构对沿线国家的主权信用评级（sovereign rating）也可以作为重要参考指标。国际信用评级机构如美国标准普尔公司、穆迪投资者服务公司、惠誉国际信用评级有限公司，会对世界国家的主权信用进行评级，通过相对客观分析各国经济增长趋势、对外贸易、国际收支、外汇储备、政治风险等一系列指标后进行打分，最终的得分反映了此国政府偿债的意愿与能力。国际主权信用评级是与这一国家进行合作的重要参考指标。如 2016 年 7 月土耳其政变结束后，标准普尔下调了土耳其信用评级，称在土融资成本增加 50%；穆迪国际在 9 月 23 日将土耳其的主权评级下调至垃圾级，三天后，土耳其货币兑美元汇率暴跌 500 点，股市 BIST100 指数开盘下跌 4%。因此，国家主权评级对于风险的提示具有重要意义。

在标准普尔 2016 年的风险评级中（见附表三），"一带一路"沿线 44 个国家获得评级打分，而 21 个国家的信用评级为小于 BB⁺，即不建议投资。另外，中国本土评级机构中诚信国际也对沿线国家开展了信用评级，获得结论于标准普尔的总体相似，在其评级中（见附表四），土耳其、土库曼斯坦、孟加拉国、克罗地亚、吉尔吉斯斯坦、塔吉克斯坦、缅甸、巴基斯坦、埃及、老挝、乌克兰、越南、伊拉克、伊朗、斯里兰卡、委内瑞拉和希腊等国家获得 BBg 以下评级，不推荐投资。表 6-7 显示了中诚信国际和标准普尔"不建议投资"评级重合十个国家，这些国家以为国内政局、国际收支等诸多方面的影响，导致风险高企，这显示了某些沿线国家受国内政治环境影响，主权信用风险较高，不论是中国对其出口还是其他与之开展国际经贸合作，其违约风险都是不容忽视的。

表 6-7　中诚信国际和标准普尔"不建议投资"评级重合的国家

	评级机构	标准普尔		中诚信国际	
	国家	主权信用评级	评级展望	主权信用评级	评级展望
1	土耳其（Turkey）	BB	稳定	BB_g	负面
2	孟加拉国（Bangladesh）	BB^-	稳定	BB_g	稳定
3	白俄罗斯（Belarus）	B^-	稳定	B_g	负面
4	缅甸（Myanmar）	B	稳定	B_g^-	正面
5	巴基斯坦（Pakistan）	B^-	稳定	B_g^-	稳定
6	埃及（Egypt）	B	负面	B_g^-	稳定
7	乌克兰（Ukraine）	B^+	负面	B_g^-	负面
8	越南（Vietnam）	BB^-	稳定	B_g^+	稳定
9	斯里兰卡（Sri Lanka）	B^+	稳定	B_g^+	稳定
10	希腊（Greece）	CCC	稳定	CC_g	稳定

数据来源：中诚信国际、标准普尔公司。

此外，从社会结构方面看，沿线一些国家和地区如沙特、土耳其、以色列等由于种族隔阂、文化差异等社会矛盾长期累计导致其治安状况逐年恶化、犯罪率居高不下、排外事件时有发生；从自然环境及地理状况方面看，不少沿线国家地质状况复杂、气象条件多变、疾病与灾害高发，以上因素均为我国推进实施"一带一路"倡议带来不少风险与挑战，值得我们对此进行深入分析探讨，并加强安全风险评估与战略性顶层设计工作，以有效规避潜在风险、更好地推进"一带一路"倡议。

三、逆全球化趋势的挑战

逆全球化趋势自 20 世纪兴起以来，一直与全球化势力此消彼长，逆全球化除了表现在经济上，也开始向社会和政治领域延伸。全球化的两个决定性特征，国际贸易交易额和国际贸易参与，现在看来是正处于下行趋势。

"一带一路"沿线国家中，中国、东南亚部分国家、中东欧国家曾经享受了全球化的红利，他们代工加工的产品充斥在发达国家市场，而现在世界贸易的下降，跨境贷款和外国直接投资，以及保护主义措施的增加将对跨国全球流动产生深远的影响。而这些十年动态的逆转很可能首先对亚洲产生影响。在金融危机的冲击下，发达国家人民对经济全球化再一次表现出了怀疑，他们在于发展中国家劳动者的竞争中处于劣势，以致对现状越来越缺乏容忍。尽管全球化在推动全世界数百万人摆脱贫困方面确实具有巨大的影响力，但对于许多西方国家来说，全球化的好处并不明显。逆全球化的影响力与日俱增，工资停滞、就业不稳定和贫富差距扩大，正是这些因素为狭隘民族主义政策的兴起、民粹主义政治家和反全球化情绪奠定了基础。

过去几十年间的技术进步对全球化构成了直接威胁。在发展中国家，廉价劳动力的诱惑并不是吸引人的。随着自动化和数字化的发展，低工资的优势已不复存在，跨国公司现在可以用很少的人工操作机器人来完成曾经需要许多廉价劳动力完成的工作。制造业现在也不再是劳动密集型产业，由于自动化的兴起，只需要五个工人便可产出 100 万美元的等价产出，而在 1980 年则需要 25 个工人[①]。目前的情形是不仅发达国家在本国建立的工厂越来越多，之前在发展中国家建立的企业也开始"回流"。如表 6-8 所示，自 2009 年以来，部分外资企业开始将产能全部或部分撤回本土，或转移至周边的发展中国家。

---

① Richard Yetsenga, ANZ 首席经济学家，在2016年达沃斯论坛上指出由于生产自动互程度的提升，同样100万美元的产出现在只需要5个工人即可完成，而在1980年则需要25人。

表 6-8　2009 年至今部分从中国撤资的外企名单

公司名称	行业	产能回流方向	撤资原因
佳顿公司	消费品	部分产能撤回美国	人力成本上升
星巴克	餐饮	陶瓷杯生产转回美国	人力成本上升
Wham-O	玩具	部分产能撤回美国	利润下降
福特汽车	汽车制造	部分产能撤回美国	制造成本高
伊藤洋华堂	服装	产能转移至周边发展中国家	人力成本上升
La Perla	服装	生产线转移至土耳其、突尼斯	人力成本上升
阿迪达斯	体育用品	关闭苏州工厂，产能转移至缅甸	生产成本上升
爱世克斯	运动鞋	产能转移至周边发展中国家	出口成本高
大宇国际	水泥	出售给中国公司	业务状况不佳
松下集团	家电	退出或缩小中国市场规模	亏损
百思买	零售	退出或缩小中国市场规模	利润下降
雀巢	饮料	缩小中国市场规模	受到本土企业排挤
达能乳业	乳业	缩小中国市场规模	受到本土企业排挤
耐克	体育用品	将生产线搬迁至东南亚	库存渠道问题

数据来源：根据公开资料整理。

新兴经济体的国家财富很大程度上建立在出口上，而目前发达国家对全球化和技术进步的冷却情绪将对发展中国家造成深远影响。过去为许多发展中国家的劳动密集型制造业的旧增长模式已经行不通了。如广泛采取劳动密集型发展模式的亚洲国家通过发挥本国劳动力的充足优势，成功地将本国在全球价值链中提升至中高收入国家，这些国家会十分警惕国际贸易市场低迷状态。

"一带一路"沿线国家中，印度正处于工业化起步阶段，并希望将制造业对经济的贡献由目前的 16% 提升至 25%；东南亚国家目前正在发挥自身廉价劳动力的优势承接中国和发达国家的产业转移，但是廉价劳动力的优势并不如中国当年明显，切不可持续，人口红利期过去之后又将丧失优势；中亚国家制造业在经济中的比重较低，也并不具备承接产业转移的地缘经济优势。因此，目前对中国而言，对"一带一路"沿线国家出口的主要挑战并不是贸易额的一时得失，而是即使转型，摒弃过去凭借廉价劳动力和廉价的环境成本的思路，积极发展高新技术产业，提升出口的附加值和技术含量，才能在全球分工中占据一席之地。

第七章　结论与建议

第一节　主要结论

　　"一带一路"倡议是新时期中国进一步扩大对外开放的重大国家倡议。"一带一路"经济带设计到亚洲、非洲、欧洲等各个国家，辐射到大洋洲，总共涉及 60 多个经济发展程度不同、文化蕴含及宗教信仰丰富多样、社会制度不尽相同的国家，共计约有 44 亿人参与其中。"一带一路"倡议要求沿线各国把国家整体利益放在首位，并兼顾贸易伙伴国的利益，以达到促进经济社会的共同发展、互惠互利。因此，研究"一带一路"经济带沿线各国的贸易潜力以及经济带建设对沿线各国带来的贸易条件改善是十分必要的。

　　前文首先利用了随机前沿引力模型，研究了"一带一路"沿线 55 个国家之间的贸易潜力，并以地区为分类，对影响各国间的贸易因素进行了分析。

一、引力模型主要结论

（一）"一带一路"沿线国家的贸易效率在不断提升

　　我们通过采用 Frontier 软件对时变随机前沿贸易引力模型的估计结果，以及在一步法的基础上建立起来的加入了贸易非效率项的影响因素的模型，从而获得了关于中国与"一带一路"沿线 55 个代表国家之间的 15 年间的平均出口贸易效率的两组模型估计值，模型研究的时间序列是从 2001 年到 2015 年，样本为选取了 55 个"一带一路"沿线的代表国家。从分地区的贸易效率来看，中国出口东盟贸易效率最高，但仍处于较低层次的贸易出口，应继续加强贸易往来，与此同时，中国与沿线其他几国的贸易效率也在不断提升，贸易空间不断扩大。

2000 年以来，中国以及"一带一路"沿线各国的经济都进入了一个快速发展的时期，中国与"一带一路"沿线各国之间的贸易总额、进出口比例均在不断提升，沿线各国之间的交流越来越紧密。不仅仅是经济、贸易的往来日益密切、文化交流程度也在不断加深，各国间的贸易合作关系更为密切，这些都是促使"一带一路"经济带建设成功的重要因素。

从上文的实证研究我们可以得知，中国对"一带一路"沿线国家的贸易非效率在逐渐减少，这从另一个方面也意味着"一带一路"沿线国家间的贸易效率在不断提升。研究结论表明，"一带一路"沿线各国的经济发展具有相互促进的正向作用，但与以往研究结论不同的是，"一带一路"经济带建设之后，出口国（中国）人口总量与出口总量具有反向作用。为此，想要使得我国出口水平得到进一步提高，仍需我国控制人口数量，使得人口、资源与环境达到一个相互平衡发展的最优状态。

作为"一带一路"经济带的发起者，我国在经济带的建设中应该注重发挥"规范性领导力量"，通过各种贸易园区的建立、自贸协定的签署等来促进"一带一路"经济带沿线各国的经济繁荣。欧亚经济综合园区的建立也是"一带一路"经济带建设之后我国为提高与"一带一路"沿线各国间的贸易效率所做出的努力。

（二）非贸易因素对"一带一路"沿线国家贸易阻碍显著

随机前沿引力模型研究表明，出口国人口总量以及贸易双方的地理距离与出口水平呈现负相关趋势，其中非贸易因素对各国贸易阻碍影响显著。其中的非贸易因素主要指的是各国间的地理距离、运输成本、文化差异等各项因素。地理距离（DIS_{ij}）一直是贸易成本的重要组成部分，对出口产生了显著的负效应，距离弹性为 -1.5308，表明两个国家之间的地理距离所代表和表示的运输成本以及隐含的其他交易成本和阻力是阻碍两国之间的出口贸易的非常重要的指标和因素。是否具有共同语言或临界国家（X_{ij}）这一虚拟变量的系数为0.7343，说明共同的语言或者具有临界国家可以有效降低交易成本，同时往往伴随着相似相容的文化背景，有利于贸易双方之间的贸易往来，边界接壤带来的交流和运输的贸易也能发挥优势，将会有利于中国向"一带一路"倡议的沿线国家的出口贸易额的促进和提高。

通过对于经济学理论的学习，我们知道建立在比较优势基础上的分工和专业化生产，对于生产效率的提高以及国际贸易促进的分析并没有充分地考虑到实际分工对于比较优势形成的要求。然而，在我们的现实生活中，两个国家在某一种产品上的比较优势，因此造成的价格差异，是必须要超过这种产品进入另一国家消费者手中的中间环节的成本，分工才有可能在这两个国家之间出现。

因此，两个国家相互贸易的产品从一个国家生产到另一个国家被消费者消费，在这一个过程里面，产生的成本，就是我们常说的比较优势产生的国际分工临界值。然而，决定这个临界值的正是我们在随机前沿模型里面引入的地理距离、运输等成本以及金融等成本等。随着"一带一路"经济带建设的不断完善，这个临界值会逐步降低。当临界值逐步降低之后，就会有一些新的分工出现，进而能够产生新的国际贸易。与此同时，那些已经存在的分工产品的价格就会出现不同程度的下降趋势，以此来吸引更多的消费人群，进而可以扩大贸易的规模。

例如，中国的货物进入东南亚以及印度洋沿岸地区，传统的运输线路是先进入太平洋地区，然后通过泰国湾进入泰国内地，进而通过磅逊湾到柬埔寨。中国的货物如果要进入印度洋沿岸的各个国家，就必须绕道经过马六甲海峡或巽他海峡。值得一提的是，在这种情况下，如果我们使得澜沧江—湄公河进行水陆联运，则可比绕道马六甲海峡的距离减少 1 500~3 000 千米，且运费可以降低 40%~60%，并且时间成本大大缩小，所用时间仅需之前的一半不到。实际上，亚洲地区"一带一路"经济带的建设，不仅能够加强沿线国家的互联互通能力，更重要的是它能够降低贸易的成本，且潜力无限。经研究显示，"一带一路"沿线的交通运输改善可以使中亚、印度、泰国、马来西亚、印度尼西亚、菲律宾、巴基斯坦、越南和斯里兰卡等国家及地区的贸易成本分别降低11.5%、21.6%、12.1%、11.4%、25.3%、15.6%、12.9%、13.2%和10.6%。

（三）"一带一路"沿线国家实际贸易水平与贸易潜力存在较大差距

从分地区的贸易效率来看，贸易效率从大到小的排序分别为东盟、西亚、中亚、南亚、中东欧、独联体、东亚。从总体贸易效率来看，在贸易非效率模型下中国对"一带一路"沿线国家的贸易效率水平较低，贸易效率值均小于0.6，说明中国对"一带一路"沿线国家不存在高水平的贸易关系，均处于较低的出口贸易水平。中国对中亚、东亚、中东欧、西亚、东盟、独联体、南亚这7个地区的出口贸易效率均比较低，最高的是中国对中亚地区的贸易效率值0.1861，仍然是很低的水平；出口贸易效率最低的是中国对南亚的0.0633。贸易非效率的研究表明：（1）铁路总里程（TRM）、货币自由度（MON）、金融自由度（FIN）、贸易自由度（TRAD）、居民消费价格指数（CPI）均是促进贸易效率的因素，他们能够抵消贸易非效率带来的影响；（2）航空运输量（AT）与自由贸易协定（FTA）与贸易非效率的影响不显著，虽然不能抵消贸易非效率带来的影响，但能够通过其他方面的改善来促进贸易效率的提高；（3）提高"一带一路"沿线国家金融开放程度是十分必要的。金融和货币自由度的提高均能够抵消非贸易效率带来的影响，因此提高沿线国家的金融开放程度，促进外向型经济的发展，对于提高"一带一路"沿线国家贸易水平有关键性作用。加快沿线经济带的自由贸易区的谈判，逐渐提高贸易便利化的水平，使沿线各国关税以及非关税壁垒的不断降低，都是提高"一带一路"沿线各国贸易效率的重要举措。

二、GTAP模型主要结论

前文通过GTAP模型对提出"一带一路"倡议后的关税的变化预测沿线各

国贸易条件等改善情况。研究表明,"一带一路"倡议对各经济体 GDP、进出口、产出、福利条件、贸易条件等各项指标的影响均不相同。在 GDP 的变化方面,中国的 GDP 增速是"一带一路"沿线国家增加最快的国家,形势十分可观。然而南亚、中亚、西亚北非和独联体等"一带一路"沿线国家呈现了负增长的趋势,尽管改战略会对该类国家经济带来一定冲击,但是下降幅度一般控制在 0.5% 以内,影响有限。而"一带一路"经济带沿线外的日韩、美国、欧盟等国家的 GDP 变动均呈现出了或多或少的下降趋势,这也证明了"一带一路"倡议对于沿线国家的经济促进作用较为明显,值得后续推进。

对于"一带一路"倡议对各产业造成的影响,本书针对以下三种情况的模拟:中国同"一带一路"沿线国家关税下降 20%,且技术性贸易壁垒降低 1%;中国同"一带一路"沿线国家关税下降 50%,且技术性贸易壁垒降低 3%;中国同"一带一路"沿线国家关税下降 100%,且技术性贸易壁垒降低 5%,运用 GTAP 模型来分析"一带一路"沿线各国各产业产出变动百分比。研究结果表明,区域内各产业的产出一般都是呈增长态势,当关税幅度下降较小的情况下对中亚地区产出变动增长产业较多,对中亚经济具有较强的推动作用;然而随着关税下降幅度的不断增加,对于中亚地区纺织以及轻工业的冲击不断加大。与此同时,"一带一路"的建设和发展针对中国的自然资源产出形成了不可忽视的冲击作用。无论是在哪种情景下的模拟,中国的自然资源往往是受到冲击最严重的,谷物、重工业与交通均受到较小冲击。由此我们可以得出,在提出"一带一路"倡议之后,我国要重视对于自然资源的保护,使相关产业受到的冲击相对减弱。通过 GTAP 的结果分析可得,中国的纺织及制衣业、公共事业与建设;东盟的加工食品、公共事业与建设;西亚的交通与通信、公共事业与建设;南亚的轻工业、公共事业与建设;中亚的谷物和作物、公共事业与建设;独联体的公共事业与建设均属于"一带一路"经济带中相对优势产业。在各国贸易条件改善方面,"一带一路"经济带减免关税的倡议下,仅中国、东南亚、中亚、西亚北非、中东欧的贸易条件得到了不同程度的改善,中南亚等国的贸易条件呈现出了恶化趋势。

在各国进出口变化方面，关税的减免将改变商品在世界范围内的市场准入条件，"一带一路"倡议对沿线各地区进出口的变动均呈现出了不同程度的促进作用，对于非沿线国家及地区的进出口均形成了一定的冲击，这与预期结果相符且与"一带一路"倡议的初衷相吻合。对进口促进作用最明显的依次为南亚（1.84%、4.09%、7.98%）和中亚（1.36%、2.89%、5.28%）；对出口促进作用最为明显的依次为南亚（2.43%、5.48%、10.87%）和中国（0.74%、1.56%、2.81%）。同样，经济带沿线外的日韩等国家进出口均呈小幅下降趋势。

综上所述，在提出"一带一路"倡议后，沿线各国的贸易流量以及贸易规模都在不断扩大，除去部分国家的部分产业将会受到一定冲击，区域内大部分国家及地区将实现互利共赢的局面。因此，通过建立"一带一路"，降低关税壁垒，开放市场，将有效地推动各地区优势产业的发展。与此同时，我们应该努力将"一带一路"沿线各国之间的竞争转化为互补竞争，使尽可能少的产业受到冲击，实现各国互利共赢的局面。

三、"一带一路"倡议对国际产能合作的促进

国际间产能的合作指的是两个国家能够进行资源跨地区的联合配置行为，国际间产能合作的实现方式往往可以通过产品的输出以及产业的转移两种方式实现。GTAP 模型研究结果显示，在矿产资源产业方面，通过对假设当中三种情况的模拟发现，中国将受到较大程度的冲击，产出下降 0.92%。与此同时，中国的矿产资源进口需求也有较大幅度增长，达到了 0.82%。此外，南亚、独联体、西亚北非等国家在该产业上产出有不同程度的提升，分别为 0.6%、0.23% 和 0.2%。中亚地区在能源资源方面与中国的关税本身就很低，因此关税的降低对于其产出的拉动效果有限。同时，中国矿产资源出口也将有较大幅度的增长，分别达到 3.16%、0.33% 和 0.21%。由以上结论我们可以看出，由于南亚、独联体和西亚北非地理位置具有相对优势，因此该地区具备丰富的自然资源，在国际贸易中占据比较优势，关税的降低将推动上述国家优势产业的发展。

自"一带一路"倡议提出以来，我国对外投资合作、对外承包工程业务新签合同额都取得了巨大进展。我国企业与"一带一路"经济带沿线国家产能合作的方式日益多样化。以基础设施领域方面企业为例，我国从最初的设备供货的单一模式发展到了现在以"设计、采购、独立电站、公私合营、融资租赁"等在内的多种合作方式，这一现象也从另一方面表明我国企业在走向国际舞台的水平日益提高。不仅国有企业积极响应"走出去"的贸易政策，在"一带一路"倡议理念的引导下，民营企业也逐渐迈开了进行国际产能合作的步伐，华夏幸福基金有限公司在印度尼西亚合资建设的产业新城就是典型代表。除此之外，2014 年，由全国工商联发起设立的"中国民生投资股份有限公司"已经在中国香港、新加坡、伦敦等地进行跨国产能合作，为当地经济建设提供新资源、新模式，参与当地经济的发展，不断开发当地各类业务。

四、"一带一路"倡议对贸易平衡发展的提高

我国在 2001 年加入 WTO 之后，对外贸易程度不断加强，与周边国家贸易联系不断紧密，尤其是在"一带一路"倡议提出之后，我国在沿线国家中的对外贸易地位得到不断提升，进出口贸易商品的种类也日益丰富。就贸易区域而言，我国与沿线国家中东亚各国间的合作较为密切，东亚 11 国与我国间的贸易总额近乎达到我国对外贸易总额的一半，这使得我国与东亚各国间的贸易格局得到了优化。其次，西亚和中东地区各国与我国的双边贸易比重也高达28%，且增幅较大。在过去的十几年间，与我国商品贸易发展增长最快的是中亚五国，其年平均增长速度达到 30%，远远高出了"一带一路"经济带沿线各国与我国的贸易额增长速度。因此，"一带一路"倡议对沿线国家之间的贸易平衡发展起到了重要的促进作用。

近年来，我国出口至沿线各国的产品主要为木材、金属制品、塑料、橡胶等，其次是服饰、纺织产品，该几类产品在近些年对沿线国家的出口额均呈增长态势。中东欧各国对沿线国家出口商品分类主要为机械、交通设备等基础设

施建设产品。中国将近 60% 的能源需求均是从沿线各国进口，我国是沿线各国能源进口大国，从国家的层面来看，中东、中亚以及西亚三大地区已经成了我国能源进口的主要区域。沿线各国具有相对优势不一的产品，通过各类产品的进出口，使得"一带一路"沿线各国贸易平衡的发展得到了优化。

五、"一带一路"倡议对世界文明交流的加强

由于"一带一路"沿线各国之间存在不同程度的政治文化差异，各国经济发展的环境也参差不齐，但是民心相通是"一带一路"倡议的社会根基。欧亚大陆是古代文明的发源地以及周边各国历史演进的平台，人类社会的每一次进步，都会在欧亚大陆留下深刻的痕迹。通过"一带一路"倡议，不仅仅能够很好地继承和弘扬古时期"丝绸之路"的友好合作精神，还能够推进我国与"一带一路"沿线各国间的文化交流与合作。加强经济带沿线各国之间的文化交流不仅能够为沿线各国在其他领域的发展打下坚实的民意基础，还能有助于沿线各国共同发掘"丝绸之路"所蕴含的人文资源。

"一带一路"倡议对世界文明交流的加强主要表现在以下几个方面。

一是教育文化合作的不断加强。"一带一路"经济带沿线各国留学生规模的不断扩大是加强各国联系的紧密枢纽。以我国为例，中国每年向"一带一路"经济带沿线各国提供 10 000 个政府奖学金名额，并且大力鼓励沿线国家学生来我国留学，以此加强两国间的文化交流。

二是旅游合作的不断加强。扩大沿线国家的旅游规模，各国联合打造具有"丝绸之路"特色的海陆旅游路线以及旅游产品，丝路特色不仅仅是某个国家的，更是属于世界的。努力提高丝路沿线各国对其他国家签证便利化水平，更能够吸引"一带一路"倡议之外其他国家前来参观并进行文化交流。

三是医疗卫生合作的不断加强。

四是科技合作的不断加强。"一带一路"经济带沿线各国科技发展水平不一，因此联合提高产品的科技创新能力是带动科技水平较为低下国家科技发展

的重要途径。沿线各国积极建设各类研究中心，推动各国间的技术转移，促进各国间科技人才交流，提升科技创新能力，使得沿线各国科技合作不断得到加强。

五是公共外交的不断加强。在国家层面，努力加强"一带一路"经济带沿线国家之间政治团体的友好往来，对于提高沿线各国居民生活条件水平也有重要的促进作用。

第二节　对策建议

一、缓解经济下行压力，寻找新增长点

面对当今世界政治、经济局势复杂多变，变化莫测的国际形势，以及我国国内所强调的"转方式、调结构、促改革"的重大任务，我国当前的经济仍然面临较大的下行压力。为了能够使得经济下行压力不断减小，我们可以从以下几个方面着手：一方面，我国可以借助人民币国际化进程的不断加深，适当利用外汇储备来进口战略性的资源，进而可以开展海外投资业务，最终达到发挥外汇储备作为货币，保有财富以及获取收益的功能。除此之外，我国还应进一步加强国内各大企业，尤其是国内中小企业"走出去"的战略政策措施。为了使该项政策能够得到有效的落实，需要相关政府部门对于企业进行对外直接投资以及跨国经营的行为进行支持。各大企业也应该明确自身的产业优势，并以此为支撑点，使自己的产品走向世界，被其他国家所接受，并且达到促进出口国产品多元化的目的。我国的跨国公司走出去还可以通过跨国并购、重组等方式，进一步完善我国的对外投资服务体系，以及境外风向管理机制的加强，使得我国"走出去"的企业都能够得到良好的政策、技术方面的支撑。在另一方面，为了寻找经济新的增长点，还需要我们抓住当今经济形势之下国际服务业

转移不断加大的重要机遇，在这一阶段大力地发展服务贸易。加大沿线各国的服务业体制改革，积极消除各国间的贸易障碍，扩大沿线各国服务业的开放领域，推动"一带一路"经济带沿线各国服务贸易的发展对于寻找新的经济增长点具有重要的借鉴意义。除此之外，扩大国际运输、提高沿线国家间工程承包和技术转让、加强各国间的信息咨询、教育培训等服务贸易出口。针对沿线各国间的服务贸易企业，我们应当适当地鼓励并利用外商投资，来参与我国软件的开发、跨境外包、物流以及供应链服务等相关领域，以此来达到承接国际服务业有序转移的目的。政府以及相关部门鼓励境外工程的承包以及劳务的输出，鼓励相关企业参与境外的基础设施建设，提高我国整体境外工程承包的水平，使劳务合作能够进一步得到稳步发展，定能使我国经济得到稳步增长。

二、坚持对外开放，完善贸易结构

中国经济增长长期保持着出口的顺差，这是由于我国的内需、外需供求关系的失衡，长期依赖出口的经济发展模式带动着经济的增长。与此同时，这也导致了一系列问题的出现，比如国际贸易之间的摩擦加剧、人民币汇率不断升值、通货膨胀的压力也不断扩大。因此，想要完善我国对外贸易的结构，必须调整我国经济发展当中内需与外需的供求关系，积极推行贸易平衡政策的同时不断优化我国进出口结构。建设和实施"一带一路"倡议不仅有利于优化我国贸易资源的配置、提高我国企业在国际间的竞争力，同时还能够有效地规避贸易保护主义并改善我国对外经济贸易的关系。例如自由贸易区的建议以及各项贸易协定的签署能够使我国在贸易出口中获得税收、外汇收入并增加就业机会。未来几年，我国进出口贸易需要在以下几个方面做到加强。

一是积极地扩大贸易进口，重视贸易进口增长方式的转变，不断发挥贸易进口在促进我国对外经济发展当中的作用。随着"一带一路"倡议的不断成熟，中国与"一带一路"沿线国家之间必将会有更加密切的贸易往来，中国也会不断地扩大对"一带一路"经济带沿线国家商品与服务的进口。同时在"一带一路"经济带战略发展的同时，实施税收优惠、鼓励境外投资等各项优惠政策，吸引外商来我国投资。我国应充分发挥进口大国的优势，与各资源输出国之间建立一个长期稳定的供求关系，并且与其他资源消耗大国之间进一步加强合作与交流，逐步掌握各类资源进口的主导权。

二是不断优化贸易出口的结构，我国政府以及相关部门需要引导我国企业的出口结构方式转变，从数量型出口方式转换成为质量型出口方式。通过"一带一路"倡议的实施，中国企业"走出去"的步伐不断得到加快，经济、法律和行政手段的调控力度也在逐渐加大，环保标准、安全标本、耗能标准都在不断提升，低附加值以及高耗能产品的出口变得日益艰难，高科技产品的出口逐渐增多，这对于全球环境的治理也起到了至关重要的作用。同时，高新技术产品的研发也对于市场的多元化发展起到了积极的推动作用。一系列环境保护、质量监测等标准也在不断建立起来，注重出口产品的质量，构建以质量效益为导向的外贸型出口体系，使得我国贸易结构不断得到优化，也得到了沿线国家的一致好评。

三、增大投资力度，加强金融合作

"一带一路"经济带沿线的国家包括了包括中亚、西亚、南亚、东南亚、中东、东非、北非等 60 多个国家和地区在内，辐射到西欧、东欧等国，在亚洲建立了一个庞大的经济网络。因此，在"一带一路"倡议中想要实现沿线国家和地区之间的贸易、投资、商品流通等方面的自由化，需要"一带一路"经济带沿线各国政府不断加强各区域之间的沟通与合作。中国—南亚区域合作联盟也在进行之中，通过该联盟的建立，云南到南亚各国之前的交通线路也会逐步开通，该交通线路是云南与南亚各国间贸易能够顺利进行的重要保障。除此之外，中国与欧盟也签订了一系列的贸易协定。目前，中国跃升为欧盟第一大贸易伙伴，充分体现了中欧经贸合作的强劲韧性。

投资与贸易合作也是"一带一路"倡议中的重要领域，为此我国需要在以下几个方面加强合作能力。

一是不断提高贸易的自有便利化水平，努力改善沿线各国口岸通关的条件，降低通关成本，使贸易非效率因素降低，进而降低沿线各国间的贸易、关税壁垒，共同提高贸易的透明化与便利化。

二是要加快投资便利化的进程。保护沿线各国投资者的利益，加大传统能源协调开发合作的同时，积极推进新型可再生能源的转化与合作，努力在沿线各国形成能源产业链，积极推动能源投资发展。

三是促进贸易的转型升级。除传统的能源产业之外，新型的服务贸易、跨境电子商务贸易等贸易形态都可以在沿线各国开展起来，以投资带动贸易的发展。最后还需要沿线各国共同努力探索新的投资合作模式，充分利用各项贸易自由协定以及最大化发挥自由贸易区的功能，提升各国在产业园区内的贸易投资能力。

"一带一路"倡议需要大量的资金支持，各国之间的经济贸易合作也会形成大量的货币流转。因此，想要加强各国之间的金融合作，就必须要提高经济带沿线国家金融货币的便利化水平。加强金融合作，一方面需要加强货币体系、信用体系的稳定建设，提高沿线各国货币兑换效率，扩大沿线各国的货币结算范围，努力推动亚洲债券市场的开放程度。支持各大国有、商业银行对沿线各国基础设施建设以及高科技发展产业投资，扩大民间资本的开放程度，鼓励经济带沿线各国使用他国资金，提高国际资本投资的利用率。另一方面，沿线各国需要提高各自领域内的金融监管水平，建立高效、有序的金融协调机制。在扩大金融开放的同时，能够积极快速应对金融风险的发生，除此之外，各地区还需逐步加强各地区征信机构以及评级机构之间的跨境合作与交流，使各地区、各国家能够共同防范，应对各类金融风险的发生。

同时，在加强我国与"一带一路"沿线国家的金融合作时，应该注重提高我国的科技金融发展水平。科技创新能力与金融发展水平是衡量一个经济体综合发展水平的两大关键要求。随着大数据、云计算、区块链、人工智能新技术的发展和应用，全球经济又迎来一个新的时代——科技金融时代，科技和金融的高度融合，是发展金融的战略举措，金融为科技发展提供了大量资金支持和帮助，科技的发展为金融的发展壮大提供了良好的机遇。我国高新技术产业发展历程表明，科技创新在化解产能过剩中具有重要的作用，有助于促进传统产业转型升级和新兴产业健康发展。这是实现经济发展提质增效，提升我国产业核心竞争力的重要内容。科技与金融的有效融合，为促进产业金融的对接提供了有利的条件。目前，我国科技金融呈现着快速的发展势头，2016 年，"十三五"国家科技创新规划明确提出，加快推进科技金融产业发展，促进科技金融产品和服务创新，完善科技和金融结合机制，建设国家科技金融创新中心，其中强调要大力发展金融创新，对创新创业的重要推动作用，开发符合创新需求的金融产品和服务，不断完善科技和金融相结合的机制。与此同时，科技金融的服务体系和服务平台也日益完善，形成了涉及银行、证券、保险、信托等为一体的全方位的服务体系。也初步建立了财政，贷款、资本市场，保险以及风险市场多层次的科技金融服务体系，开启了具有中国特色的科技金融的发展模式。只有提高了我国科技创新能力和金融发展水平，才能提高我国与"一带一路"沿线国家的金融合作水平，同时促进我国与其他国家的金融的深入合作。

四、提升"硬指标"，完善基础设施建设

地理距离一直是贸易成本的重要组成部分，对出口产生了显著的负效应，距离弹性为 -1.5308。这一结果表明两个国家之间的地理距离所代表和表示的运输成本以及隐含的其他交易成本和阻力是阻碍两国之间的出口贸易的非常重要的指标和因素。因此，基础设施建设是"一带一路"倡议中的重要组成部分，我国应该积极构建海上丝绸之路的基础设施建设，以基础设施建设为突破口，构建"一带一路"倡议中能源与货物运输等通道，降低各区域之间的贸易非效率因素对贸易阻碍所带来的影响。例如，中国在与中亚、东南亚的合作中，应努力坚持"能源输入"与"能源输出"并存的思路，在积极进口国外资源的同时出口国内具有比较优势的资源。这一措施强调了中国不但能够作为能源输出

国为国际经济提供便利，而且还能够扩大沿线各国对我国汽车产业的投资力度，扩大产业贸易规模与各国间的贸易频度。我国劳动密集型产业巨大，然而相对东南亚等国来说优势并不明显，"一带一路"倡议能够促进劳动密集型产业进行产业间的转移，然而产业转移与"一带一路"倡议中的基础设施中互联互通的目的相互促进。基础设施的建设的基础是使得沿线各国的道路、交通工程以及管理设备等方面都能做到互联互通，提升"一带一路"倡议的运输效率。基础设施的建设必然离不开基础设施筹资、融资等需求，加强和完善基础设施建设在另一方面还能增加沿线各国之间的金融合作力度，促进经济带的繁荣发展。

以我国为例，在我国的西北地区，充分发挥新疆独特的地理优势，深化新疆与中亚、西亚、南亚等地区国家的交流与合作，打造"一带一路"经济带核心区。利用内蒙古联通俄蒙的优势地位，完善国内东北地区与内蒙古间的交通网络，并大力发展黑龙江与远俄地区的海陆联运合作。与此同时，加快兰州、西安等内陆地区的开发，推进内陆开放试验区的建设。东部沿海与港澳台地区利用自身的地理优势，建立海陆空联运的交通运输模式，是我国为提高"一带一路"经济带贸易水平所打下的坚实的基础设施保障。

五、拓展"软思路"，加强跨境文化交流

时变随机前沿引力模型结果表明，是否具有共同语言或临界国家这一虚拟变量的系数为 0.7343，这意味着共同的语言或者具有临界国家可以有效降低交易成本，有利于加强贸易双方之间的贸易往来，由此所带来的交流和运输的贸易也能发挥优势，这提高了我国向"一带一路"倡议的沿线国家的出口贸易额。因此，拓展文化"软思路"，加强跨境之间各国的文化交流对于加强"一带一路"经济带的建设有较强的促进作用。文明交流互鉴体现在区域各国的经济与贸易合作的互通与互补方面。从历史的发展过程中看，以往"丝绸之路"的贸易产品包括丝绸、茶叶、瓷器、香料、工艺品、金银器等，这些都是具有浓厚文化元素的商品。尤其是在宋元之前，相比于三大宗教等西方思想文化的东传，

东方文化更多的是以物质贸易的形式西进。现如今，"一带一路"经济带当中的经贸合作更应是在顺应世界多极化、经济全球化、文化多样化、社会信息化的潮流中展开的。我们希望在"一带一路"经济带各区域进行经贸合作的过程中，找到文明交流互鉴的解读、新的贸易规则和新的国际秩序。

在全球化深入发展的今天，"一带一路"倡议的提出以及经济带的建设和发展，传承并弘扬了古时期"丝绸之路"所倡导的"和平合作、开放包容、互学互鉴、互利共赢"精神。该精神倡导我们树立人类命运共同体意识，以文明间的互鉴与交流来取代各国之间所产生的文明争端，把世界文明的多样性以及各国文化的差异性转化为促进各国经济社会文化发展的动力。

六、提升政府效能，加强沟通融合

贸易非效率的研究结果表明，货币自由度、金融自由度以及贸易自由度对中国的对外贸易都有不同程度的促进作用。然而，自由贸易区的建立、各类贸易协定的签订以及关税同盟等政策的实施都离不开各国政府之间的沟通与谈判。加强各地区间贸易提升政府职能就需要不断加强区域经济合作新格局，积极推进自由贸易区的建立和发展。"一带一路"倡议在本质上是中国将周边区域经济合作组织进行对接与串联，扩大中国在周边区域的影响力。在经济一体化高速发展的情形下，双边、多边经贸合作与自由贸易区已超越经济范畴，兼有政治和外交含义，正在加速改变世界经济与政治格局。区域经济一体化概念之下的自由贸易区比优惠贸易安排更加开放，已成为当今各国的国家战略，是各国展开战略合作与竞争的重要手段。下步按照"平等互惠、形式多样、注重实效"的原则，以周边地区、资源富余地区、主要出口市场和战略伙伴为重点，促进其向自由贸易区方向发展，从而构筑中国全球性经济合作网络。

我国在稳步推进"一带一路"倡议的同时，还应当以互利共赢作为处理对外经济关系的基本原则，深入参与多边双边经贸活动，大力推动区域经济合作。我国经济发展将更加依赖国际资源的供给，特别是能源资源的稳定供给，开展国际能源合作是一项关乎宏观经济全局的战略性课题。必须进一步与"一带一路"沿线国家完善合作机制，积极发展与周边国家及其他国家的经济技术合作，实现互联互通，共同发展。积极开展能源资源的双边多边战略合作，降低资源过多依赖传统贸易方式进口带来的风险。扩大对发展中国家尤其是亚洲区域内发展中国家的援助，并积极参与多边贸易、投资规则的制定。在处理与周边国家领土和领海资源主权争议时，积极提出"搁置争议，共同开发"的倡议和主张，探讨可行的共同开发方式。

参考文献

[1] A.A. 努尔谢伊托夫 . 哈萨克斯坦与中国的区域经济合作："光明之路"新经济政策和"丝绸之路经济带"〔J〕. 欧亚经济，2015(4).

[2] 阿依达尔·阿姆列巴耶夫 . 上海合作组织与丝绸之路经济带建设前景〔J〕. 俄罗斯研究，2015(6).

[3] 蔡玲 . 国际经济合作与中国地区经济合作协调机制研究〔M〕. 武汉：武汉出版社，2000.

[4] 蔡松锋，张亚雄 . 跨大西洋贸易与投资伙伴协议（TTIP）对金砖国家经济影响分析——基于含全球价值链模块的动态 GTAP 模型〔J〕. 世界经济研究，2015(8).

[5] 曹伟，言方荣，鲍曙明 . 人民币汇率变动、邻国效应与双边贸易——基于中国与"一带一路"沿线国家空间面板模型的实证研究〔J〕. 金融研究，2016(9).

[6] 车春鹏，许安 . 中国机电产品出口中东欧国家的潜力分析——基于引力模型的实证研究〔J〕. 上海对外经贸大学学报，2016(5).

[7] 陈丽霜 . 东盟区域经济一体化的贸易效应——基于引力模型"多国模式"与"单国模式"的实证分析〔J〕. 经济问题探索，2015(5).

[8] 陈利君 . 建设孟中印缅经济走廊的前景与对策〔J〕. 云南社会科学，2014(1).

[9] 陈伟光，郭晴 . 中国对"一带一路"沿线国家投资的潜力估计与区位选择〔J〕. 宏观经济研究，2016(9).

[10] 翟崑 . "一带一路"建设的战略思考〔J〕. 国际观察，2015(4).

[11] 丁广伟 . 中蒙俄贸易现状及其潜力分析——基于随机前沿引力模型〔J〕. 西

伯利亚研究，2016(5).

[12] 冯维江.丝绸之路经济带战略的国际政治经济学分析［J］.当代亚太，2014(6).

[13] 付韶军."一带一路"建设与中国出口效率提升——基于面板数据随机前沿引力模型的实证研究［J］.工业技术经济，2016(10).

[14] 高志刚，张燕.中巴经济走廊建设中双边贸易潜力及效率研究——基于随机前沿引力模型分析［J］.财经科学，2015(11).

[15] 葛飞秀，高志刚.制度距离对中国与俄罗斯及中亚五国出口贸易的影响研究［J］.兰州商学院学报，2014(6).

[16] 龚静，尹忠明.铁路建设对我国"一带一路"战略的贸易效应研究——基于运输时间和运输距离视角的异质性随机前沿模型分析［J］.国际贸易问题，2016(2).

[17] 郭朝先，刘芳，皮思明."一带一路"倡议与中国国际产能合作［J］.国际展望，2016(3).

[18] 黄凌云.建立东亚自由贸易区的中国经济效应研究——基于 GTAP 模型的实证分析［J］.国际贸易问题，2008(12).

[19] 黄鹏，汪建新.中韩 FTA 的效应及谈判可选方案——基于 GTAP 模型的分析［J］.世界经济研究，2010(6).

[20] 黄孝林."一带一路"战略下我国的出口潜力和贸易效率——基于随机前沿引力模型的估计.经营与管理，2017(1).

[21] 蒋琼琼.中国与"一带一路"沿线国家制造业产业内贸易的影响因素分析——基于引力模型［J］.对外经贸，2016(9).

[22] 康·瑟拉耶什金.丝绸之路经济带构想及其对中亚的影响［J］.俄罗斯东欧中亚研究，2015(4).

[23] 李晨，杜文奇.贸易便利化对"一带一路"沿线国家贸易影响的实证分析［J］.中共青岛市委党校.青岛行政学院学报，2016(3).

[24] 李稻葵，程浩.丝绸之路经济带的合作基础与投资策略［J］.改革，2015(8).

[25] 李浩学，李盛辉.中国与"一带一路"沿线国家农产品贸易潜力分析——基于 HM 指数及随机前沿引力模型［J］.价格月刊，2016(11).

[26] 李浩学，李盛辉.中国与"一带一路"沿线国家农产品贸易潜力分析——基于 HM 指数及随机前沿引力模型［J］.价格月刊，2016(11).

[27] 李豫新，杨萍.新疆对周边国家农产品出口贸易潜力及其影响因素研究——基于随机前沿引力模型的实证分析［J］.价格月刊，2015 第 10).

[28] 梁琦，吴新生."一带一路"沿线国家双边贸易影响因素研究——基于拓展引力方程的实证检验［J］.经济学家，2016(12).

[29] 廖明中.我国对一带一路沿线国家商品出口潜力测算［J］.开放导报，2015(3).

[30] 林九江.降低出口金融成本的关键在哪儿［J］.国际融资，2013(9).

[31] 林民旺.印度对"一带一路"的认知及中国的政策选择［J］.世界经济与政治，2015(5).

[32] 刘冰，陈淑梅.RCEP 框架下降低技术性贸易壁垒的经济效应研究——基于 GTAP 模型的实证分析［J］.国际贸易问题，2014(6).

[33] 刘海云，聂飞.金砖体系下中国双边出口效率及其影响因素分析——基于随机前沿引力模型的实证研究［J］.国际经贸探索，2015(1).

[34] 刘朋春.TPP 背景下中韩自由贸易区的经济效应——基于 GTAP 模型的模拟分析［J］.亚太经济，2014(5).

[35] 刘朋春.双边 FTA 是否会成为中日韩自由贸易区的"垫脚石"?——中日韩自由贸易区建设路径的 GTAP 模拟分析［J］.现代日本经济，2015(1).

[36] 刘思恩，王树春."一带一路"研究成果概览［J］.俄罗斯东欧中亚研究，2016(5).

[37] 刘卫东，田锦尘，欧晓理等."一带一路"战略研究［M］.北京：商务印书馆，2017.

[38] 刘卫东."一带一路"战略的科学内涵与科学问题［J］.地理科学进展，2015(5).

[39] 刘宇，张亚雄.欧盟—韩国自贸区对我国经济和贸易的影响——基于动态 GTAP 模型〔J〕.国际贸易问题，2011(11).

[40] 鲁晓东，赵奇伟.中国的出口潜力及其影响因素——基于随机前沿引力模型的估计〔J〕.数量经济技术经济研究，2010(10).

[41] 罗马诺·普罗迪.新丝绸之路与中美欧关系〔N〕.南开学报（哲学社会科学版），2015(2).

[42] 亓蕊.中国对欧盟货物贸易出口潜力的实证研究〔D〕.山东：山东大学，2016.

[43] 乔纳森·霍尔斯拉格.确保新丝绸之路的安全〔J〕.国际安全研究，2015(1).

[44] 邱娟，卓舒丹，王波.基于"一带一路"视角下中国对南亚的出口潜力分析〔J〕.人力资源管理，2016(11).

[45] 石建国."一带一路"战略研究现状综述〔J〕.中国周边外交学刊，2015(1).

[46] 孙金彦，刘海云."一带一路"战略背景下中国贸易潜力的实证研究〔J〕.当代财经，2016(6).

[47] 谭畅."一带一路"战略下中国企业海外投资风险及对策〔J〕.中国流通经济，2015(7).

[48] 谭晶荣，王丝丝，陈生杰."一带一路"背景下中国与中亚五国主要农产品贸易潜力研究〔J〕.商业经济与管理，2016(1).

[49] 谭秀杰，周茂荣.21世纪"海上丝绸之路"贸易潜力及其影响因素——基于随机前沿引力模型的实证研究〔J〕.国际贸易问题，2015(2).

[50] 田刚.基于引力模型的中俄林木产品贸易研究〔J〕.区域国别市场，2013(9).

[51] 涂涛涛.农产品技术贸易壁垒对中国经济影响的实证分析：基于 GTAP 与 China-CGE 模型〔J〕.国际贸易问题，2011(5).

[52] 万璐.美国 TPP 战略的经济效应研究——基于 GTAP 模拟的分析〔J〕.当代亚太，2011(4).

[53] 王娟.中国对东盟投资与贸易的引力模型分析〔J〕.经济问题，2013(2).

[54] 吴沁.中国与"一带一路"国家贸易潜力研究〔D〕.南京：南京大学，2016.

[55] 伍娅湄．"一带一路"背景下中国与南亚贸易合作研究［D］．云南：云南财经大学，2016.

[56] 夏春光．"一带一路"沿线国家贸易便利化水平对中国出口影响的实证分析［J］．海南金融，2016(5).

[57] 谢孟军．文化能否引致出口："一带一路"的经验数据［J］．国际贸易问题，2016(1).

[58] 杨广青，杜海鹏．人民币汇率变动对我国出口贸易的影响——基于"一带一路"沿线 79 个国家和地区面板数据的研究［J］．经济学家，2015(11).

[59] 尹文渊.21 世纪海上丝绸之路研究评述［J］．现代商业，2015(6).

[60] 张良卫．"一带一路"战略下的国际贸易与国际物流协同分析——以广东省为例［J］．财经科学，2015(7).

[61] 张双双．"一带一路"战略背景下中国对阿拉伯国家出口潜力的实证研究［D］．山东：山东财经大学，2015.

[62] 张晓静，李梁．"一带一路"与中国出口贸易：基于贸易便利化视角［J］．亚太经济，2015(3).

[63] 张亚斌，马莉莉．丝绸之路经济带：贸易关系、影响因素与发展潜力—基于 CMS 模型与拓展引力模型的实证分析［J］．国际经贸探索，2015(31).

[64] 赵翊．"一带一路"战略与中国对阿拉伯国家出口潜力分析［J］．阿拉伯世界研究，2014(3).

[65] 赵雨霖．中国与东盟 10 国双边农产品贸易流量与贸易潜力的分析——基于贸易引力模型的研究［J］．国际贸易问题，2008(12).

[66] 周念利．基于引力模型的中国双边服务贸易流量与出口潜力研究［J］．数量经济技术经济研究，2010(12).

[67] 周曙东，崔奇峰．中国—东盟自由贸易区的建立对中国进出口贸易的影响——基于 GTAP 模型的模拟分析［J］．国际贸易问题，2010(3).

[68] Anderson J. E. "Trade and informal institutions"［D］. Handbook of International Trade: Economic and Legal Analyses of Trade Policy and Institutions, 2001.

[69] Anderson J. E., Marcouiller D. Insecurity and the pattern of trade: an empirical investigation［R］.The Review of Economics&Statistics, 2002.

[70] Anonymous.Machinery main item China exports to Russia—official［R］.Interfax : Russia & CIS Military Newswire, 2011.

[71] Anonymous.Research and Markets Adds Report: Research Report of China's Machine Tool Industry in 2009［R］.Manufacturing Close—Up, 2010.

[72] Armstrong S. Measuring Trade and Trade Potential: A Survey［R］.Asia Pacific Economic Papers, 2007.

[73] Armstrong S.East and South Asia in Global Trade and Economic Development［R］. FABER Working Paper Series Paper, 2011.

[74] Baldwin. R. E. Towards an Integrated Europe［R］.Comparative Economic Studies, 1994.

[75] Battese G. E., T.J. Coelli. Frontier Production Functions, Technical Efficiency and Panel Data: With Application to Paddy Farmers in India［R］.The Journal of Productivity Analysis, 1992.

[76] Drysdale, P., Huang Y, Kalirajan K. P. China's Trade Efficiency: Measurements and Determinants, APEC and Liberalization of the Chinese Economy［R］.Asia Pacific Press, 2000.

[77] Frankel J. A., Stein E., Wei S. Regional Trading Blocs in the World Economic System ［R］.Washington D.C.: Institute for International Economics, 1997.

[78] Geetha Ravishankar.Marie M. Stack. The Gravity Model and Trade Efficiency: A Stochastic Frontier Analysis of Eastern E uropean Countries' Potential Trade［R］. World Econ, 2014.

[79] Hofstede G.Cultures and Organizations: Software of the Mind［R］. Berkshire:McGraw—Hill Professional, 1991.

[80] Huifang, John Whalley.Trade sanctions,financial transfers and BRIC participation in global climate change negotiations［R］.Journal of Policy Modeling, 2009.

[81] James E. Anderson.The gravity model［R］.Annual Review of Economics, 2011.

[82] Jianqiu YU, ZHE CAO.The Analysis and Forecast of RMB Internationalization on One Belt and One Road［R］.International Business and Management, 2015.

[83] Nilsson L. Trade Integration and the EU Economic Membership Criteria'［R］. European Journal of Political Economy, 2000.

[84] Prabir De. Global Economic and Financial Crisis: India's Trade Potential and Prospects, and Implications for Asian Regional Integration［R］.Journal of Economic Integration, 2010.

[85] Rauch J. E. Networks Versus Markets in International Trade［R］.Journal of International Economics, 1999.

[86] Remco C.J. Zwinkels, Sjoerd Beugelsdijk.Gravity equations: Workhorse or Trojan horse in explaining trade and FDI patterns across time and space?［R］.International Business Review, 2009.

[87] Shunqing Cao.A Tentative Expansion of Variation Theory: A Case Study on "One Belt and One Road"［R］.Advances in Journalism and Communication, 2016.

[88] Talles M., Viviani S. L., Marcelo J. B., Orlando M. D. S. Institutions and Bilateral Agricultural Trade［R］.Procedia Economics and Finance, 2014.

[89] Taros D., Gonciarz A. A note on the trade potential of Central and Eastern Europe ［R］.European Journal of Political Economy, 1996.

[90] Thomas Chaney. "The Gravity Equation in International Trade: An Explanation", NBER Working Paper Series［R］.Working Paper, 2013.

[91] Weien Liang.New Ideas of the Reform in the View of Globalization: Shanghai Pilot Free Trade Zone and One Belt and One Road［R］.Open Journal of Social Sciences, 2015.

[92] Zhi WANG. WTO accession, the "Greater China" free-trade area, and economic integration across the Taiwan Strait［J］. China Economic Review.2003 (3):77-79.

附　录

附表一　中国与"一带一路"沿线国家双边贸易结算币种及各国本币

区域	国家	双边贸易结算币种*	比例 %	本币	标准符号
东亚	蒙古	人民币	36	图格里克	MOT
东南亚	新加坡	美元	94	新加坡元	SGD
	马来西亚	美元	97	马元	MYR
	印度尼西亚	美元	84	盾	IDR
	缅甸	美元	83	缅元	BUK
	泰国	美元	74	泰铢	THP
	老挝	美元	84	基普	LAK
	柬埔寨	美元	88	瑞尔	KHR
	越南	美元	98	越南盾	VND
	文莱	美元	82	文莱林吉特	BND
	菲律宾	美元	74	菲律宾比索	PHP
西亚	伊朗	人民币	46	伊朗里亚尔	IRR
	伊拉克	美元	28	伊拉克第纳尔	IQD
	土耳其	美元	24	土耳其镑	TRL
	叙利亚	美元	27	叙利亚镑	SYP
	约旦	美元	65	约旦第纳尔	JOD
	黎巴嫩	美元	40	黎巴嫩镑	LBP
	以色列	美元	32	以色列新锡克尔	ILS
	巴勒斯坦	美元	91	巴勒斯坦镑**	—

区域	国家	双边贸易结算币种 *	比例 %	本币	标准符号
西亚	沙特阿拉伯	人民币	55	亚尔	SAR
	也门	美元	42	也门里亚尔	YER
	阿曼	美元	28	阿曼里亚尔	OMR
	阿联酋	人民币	29	迪拉姆	AED
	卡塔尔	美元	63	卡塔尔里亚尔	QAR
	科威特	美元	36	科威特第纳尔	KWD
	巴林	美元	55	巴林第纳尔	BHD
	希腊	欧元	29	德拉马克	GRD
	塞浦路斯	欧元	65	欧元	EUR
	埃及西奈半岛	美元	53	埃及镑	EGP
南亚	印度	美元	30	卢比	INR
	巴基斯坦	美元	42	巴基斯坦卢比	PRK
	孟加拉国	美元	65	孟加拉国塔卡	BDT
	阿富汗	美元	61	新阿富汗尼	AFN
	斯里兰卡	美元	31	斯里兰卡卢比	LKR
	马尔代夫	美元	62	马尔代夫卢比	MVR
	尼泊尔	美元	32	尼泊尔卢比	NPR
	不丹	美元	24	努尔特鲁姆	BTN
中亚	哈萨克斯坦	美元	55	坚戈	KZT
	乌兹别克斯坦	美元	53	苏姆	UZS
	土库曼斯坦	美元	43	马纳特	TMM
	塔吉克斯坦	美元	39	索莫尼	TJS
	吉尔吉斯斯坦	美元	41	索姆	KGS
独联体七国	俄罗斯	卢布	43	卢布	SUR
	乌克兰	美元	57	乌克兰格里夫纳	UAH
	白俄罗斯	美元	66	白俄罗斯卢布	BYR
	格鲁吉亚	美元	38	格鲁吉亚拉里	GEL
	阿塞拜疆	美元	66	新马纳特	AZN
	亚美尼亚	美元	31	德拉姆	AMD
	摩尔多瓦	美元	31	列伊	MDL

区域	国家	双边贸易结算币种＊	比例 %	本币	标准符号
中东欧	波兰	欧元	43	兹罗提	PLZ
	立陶宛	欧元	31	欧元	EUR
	爱沙尼亚	欧元	57	欧元	EUR
	拉脱维亚	欧元	65	欧元	EUR
	捷克	美元	45	捷克克朗	CSK
	斯洛伐克	欧元	37	欧元	EUR
	匈牙利	美元	54	福林	HUF
	斯洛文尼亚	欧元	27	欧元	EUR
	克罗地亚	美元	36	库钠	HRK
	波黑	美元	20	马克	BAM
	黑山	欧元	31	欧元	EUR
	塞尔维亚	美元	40	第纳尔	RSD
	阿尔巴尼亚	美元	34	列克	ALL
	罗马尼亚	美元	46	列伊	ROL
	保加利亚	美元	34	列弗	BGL
	马其顿	美元	39	代纳尔	MKD

数据来源：中国国家商务部、海关总署统计数据以及各国海关统计数据。

＊ 双边贸易结算币种为 2016 年双边贸易结算金额中占比最大的货币。

＊＊ 巴勒斯坦地区曾经使用过巴勒斯坦镑（the Palestine pound）作为官方货币，但现在使用以色列新谢克尔、埃及镑作为流通货币。

注：双边贸易中占比最大的币种并不代表中国对外出口所使用的最主要结算币种，因为结算币种的使用与行业密切相关。如中国对俄罗斯出口果蔬、生活用品、衣物等商品时大部分使用人民币结算，而中俄贸易中能源体系则基本使用卢布。

附表二　我国不同行业企业流动资产周转次数（单位：次/月）

行业	石油和天然气开采业	黑色金属矿采选业	有色金属矿采选业	非金属矿采选业	其他采矿业	农副食品加工业	食品制造业	酒、饮料和精制茶制造业	纺织业	纺织服装、服饰业	皮革、毛皮、羽毛和制鞋业	木材加工及制品业	家具制造业	造纸及纸制品业	化学原料及化学制品制造业	化学纤维制造业	非金属矿物制品业	黑色金属冶炼及压延加工业	有色金属冶炼及压延加工业	金属制品业	通用设备制造业
2012-12	3.89	2.66	3.44	4.05	5.96	4.06	3.14	2.30	2.99	2.71	3.21	4.97	2.90	2.32	2.82	2.32	2.79	2.78	2.82	2.59	1.95
2013-02	3.88	2.06	2.74	3.40	6.00	3.71	3.15	2.20	2.70	2.60	2.95	4.41	2.56	2.11	2.46	2.01	2.34	2.49	2.47	2.25	1.60
2013-03	4.03	2.29	2.98	3.74	6.42	3.85	3.23	2.28	2.88	2.73	3.16	4.75	2.73	2.22	2.65	2.11	2.51	2.64	2.62	2.45	1.78
2013-04	4.02	2.33	3.09	3.78	5.91	3.85	3.21	2.27	2.93	2.76	3.19	4.86	2.75	2.20	2.70	2.18	2.58	2.66	2.65	2.47	1.82
2013-05	3.98	2.39	3.20	3.81	6.43	3.89	3.20	2.24	2.98	2.75	3.22	4.92	2.75	2.23	2.74	2.23	2.64	2.71	2.64	2.50	1.86
2013-06	4.27	2.47	3.24	4.03	5.67	3.91	3.21	2.25	3.03	2.79	3.26	5.07	2.79	2.27	2.79	2.28	2.71	2.74	2.72	2.57	1.91
2013-07	4.44	2.48	3.12	4.00	5.64	3.92	3.19	2.27	3.02	2.77	3.25	5.05	2.76	2.26	2.78	2.26	2.71	2.76	2.71	2.56	1.91
2013-08	4.30	2.54	3.14	3.96	5.72	3.95	3.14	2.25	3.02	2.74	3.26	5.03	2.75	2.23	2.76	2.25	2.70	2.76	2.71	2.56	1.89
2013-09	4.22	2.54	3.12	3.96	5.80	3.98	3.11	2.25	3.04	2.74	3.28	5.00	2.74	2.22	2.75	2.23	2.70	2.74	2.70	2.58	1.91
2013-10	4.01	2.48	3.17	3.91	5.88	4.01	3.09	2.23	3.05	2.75	3.25	5.00	2.75	2.21	2.75	2.25	2.70	2.75	2.73	2.58	1.91
2013-11	3.98	2.54	3.22	3.88	4.33	3.98	3.10	2.21	3.04	2.75	3.23	4.95	2.76	2.21	2.77	2.26	2.68	2.74	2.74	2.59	1.91
2013-12	4.30	2.51	3.37	3.87	4.53	4.03	3.12	2.23	3.08	2.80	3.24	4.95	2.80	2.27	2.82	2.29	2.71	2.80	2.82	2.63	1.95
2014-02	4.12	1.88	2.71	3.31	5.56	3.59	3.17	2.12	2.72	2.68	2.95	4.36	2.51	2.02	2.47	1.87	2.27	2.44	2.38	2.31	1.65
2014-03	4.31	2.06	2.90	3.45	5.47	3.74	3.23	2.19	2.88	2.77	3.13	4.66	2.72	2.15	2.64	2.01	2.45	2.59	2.54	2.48	1.80
2014-04	4.20	2.11	2.92	3.50	4.82	3.72	3.21	2.19	2.92	2.82	3.15	4.75	2.76	2.15	2.69	2.12	2.54	2.62	2.60	2.54	1.84

续表

行业	石油和天然气开采业	黑色金属矿采选业	有色金属矿采选业	非金属矿采选业	其他采矿业	农副食品加工业	食品制造业	酒、饮料和精制茶制造业	纺织业	纺织服装、服饰业	皮革、毛皮、和制鞋业	木材加工及制品业	家具制造业	造纸及纸制品业	化学原料及化学制品制造业	化学纤维制造业	非金属矿物制品业	黑色金属冶炼及压延加工业	有色金属冶炼及压延加工业	金属制品业	通用设备制造业
2014-05	4.14	2.13	2.98	3.46	4.72	3.72	3.18	2.19	2.96	2.85	3.20	4.79	2.79	2.15	2.71	2.13	2.60	2.65	2.61	2.58	1.88
2014-06	4.29	2.24	3.06	3.54	4.73	3.74	3.20	2.19	3.01	2.89	3.22	4.91	2.84	2.19	2.76	2.20	2.66	2.69	2.69	2.65	1.93
2014-07	4.29	2.22	3.11	3.56	4.85	3.79	3.19	2.19	3.05	2.86	3.25	4.90	2.82	2.16	2.78	2.20	2.68	2.71	2.71	2.67	1.94
2014-08	4.18	2.27	3.04	3.51	4.96	3.77	3.12	2.20	3.03	2.84	3.22	4.87	2.79	2.16	2.75	2.21	2.66	2.69	2.73	2.66	1.93
2014-09	3.91	2.33	3.06	3.51	5.24	3.79	3.11	2.20	3.04	2.82	3.24	4.88	2.76	2.16	2.75	2.20	2.66	2.68	2.71	2.67	1.95
2014-10	3.64	2.28	3.08	3.54	5.35	3.82	3.14	2.21	3.07	2.84	3.21	4.88	2.76	2.17	2.75	2.23	2.66	2.67	2.73	2.69	1.96
2014-11	3.58	2.27	3.11	3.51	5.23	3.84	3.12	2.19	3.07	2.84	3.20	4.86	2.78	2.18	2.74	2.23	2.66	2.70	2.76	2.68	1.96
2014-12	4.45	2.34	3.28	3.51	5.35	3.91	3.14	2.20	3.09	2.85	3.25	4.83	2.84	2.22	2.83	2.31	2.71	2.78	2.85	2.72	2.01
2015-02	2.61	1.57	2.63	3.00	4.30	3.57	3.03	2.12	2.78	2.72	2.98	4.31	2.58	2.00	2.38	1.91	2.24	2.24	2.29	2.34	1.64
2015-03	2.57	1.69	2.85	3.19	4.50	3.65	3.07	2.16	2.92	2.83	3.14	4.55	2.69	2.12	2.54	2.03	2.39	2.41	2.44	2.49	1.78
2015-04	2.57	1.71	2.82	3.22	4.75	3.59	3.07	2.14	2.98	2.85	3.17	4.64	2.70	2.14	2.59	2.11	2.43	2.42	2.50	2.52	1.79
2015-05	2.53	1.77	2.87	3.28	4.72	3.59	3.05	2.12	3.01	2.87	3.20	4.64	2.76	2.15	2.60	2.11	2.46	2.45	2.54	2.54	1.81
2015-06	2.67	1.81	3.00	3.37	5.27	3.65	3.08	2.14	3.09	2.90	3.31	4.80	2.80	2.17	2.64	2.12	2.54	2.44	2.61	2.61	1.87
2015-07	2.59	1.86	2.97	3.36	5.44	3.69	3.16	2.14	3.10	2.89	3.34	4.79	2.80	2.15	2.67	2.15	2.56	2.39	2.62	2.62	1.87
2015-08	2.51	1.91	2.96	3.35	5.55	3.70	3.13	2.14	3.10	2.86	3.26	4.81	2.80	2.12	2.69	2.11	2.56	2.40	2.62	2.60	1.87
2015-09	2.45	1.90	2.97	3.35	5.86	3.76	3.06	2.16	3.12	2.85	3.32	4.82	2.82	2.12	2.71	2.13	2.56	2.43	2.60	2.63	1.88
2015-10	2.40	1.87	2.99	3.46	5.86	3.79	3.07	2.14	3.14	2.86	3.36	4.78	2.80	2.11	2.71	2.14	2.58	2.43	2.61	2.64	1.87

附表三 "一带一路"沿线部分国家主权信用评级（标准普尔）

编号	国家	评级	评级展望	风险
1	新加坡	AAA	稳定	最高等级
2	捷克	AA	稳定	高等级
3	科威特	AA	稳定	
4	卡塔尔	AA	稳定	
5	阿联酋	AA	稳定	
6	中国	AA⁻	稳定	
7	爱沙尼亚	AA⁻	负面	
8	沙特阿拉伯	AA⁻	稳定	
9	以色列	A⁺	稳定	中上等级
10	斯洛文尼亚	A⁺	负面	
11	马来西亚	A⁻	稳定	
12	阿曼	A	稳定	
13	斯洛伐克	A	稳定	
14	哈萨克斯坦	BBB⁺	稳定	中下等级
15	泰国	BBB⁺	稳定	
16	阿塞拜疆	BBB⁻	稳定	
17	克罗地亚	BBB⁻	稳定	
18	印度	BBB⁻	负面	
19	拉脱维亚	BBB⁻	稳定	
20	保加利亚	BBB	稳定	
21	立陶宛	BBB	稳定	
22	俄罗斯	BBB	稳定	
23	塞浦路斯	BB⁺	负面	不建议投资
24	匈牙利	BB⁺	负面	
25	印度尼西亚	BB⁺	乐观	
26	菲律宾	BB⁺	稳定	
27	罗马尼亚	BB⁺	稳定	

续表

编号	国家	评级	评级展望	风险
28	孟加拉国	BB⁻	稳定	不建议投资
29	格鲁吉亚	BB⁻	稳定	
30	蒙古	BB⁻	乐观	
31	越南	BB⁻	稳定	
32	约旦	BB	负面	
33	马其顿	BB	稳定	
34	土耳其	BB	稳定	
35	阿尔巴尼亚	B⁺	稳定	
36	斯里兰卡	B⁺	稳定	
37	乌克兰	B⁺	负面	
38	白俄罗斯	B⁻	稳定	高风险
39	巴基斯坦	B⁻	稳定	
40	波黑	B	负面	
41	缅甸	B	稳定	
42	埃及	B	负面	
43	黎巴嫩	B	负面	
44	希腊	CCC	稳定	较高风险

附表四 中诚信对"一带一路"沿线部分国家主权评级

序号	国家	评级	评级展望	最近评级时间
1	菲律宾（Philippines）	BBB_g	负面	20160722
2	越南（Vietnam）	B_g^+	稳定	20160722
3	匈牙利（Hungary）	BBB_g	稳定	20160714
4	沙特阿拉伯（Saudi Arabia）	AA_g	稳定	20160714
5	斯洛伐克（Slovakia）	A_g	稳定	20160714
6	委内瑞拉（Venezuela）	CCC_g	稳定	20160527
7	印度（India）	BBB_g^+	稳定	20160317
8	缅甸（Myanmar）	B_g^-	正面	20160317

序号	国家	评级	评级展望	最近评级时间
9	巴基斯坦（Pakistan）	B_g^-	稳定	20160317
10	中国（China）	AA_g^+	稳定	20160307
11	斯洛文尼亚（Slovenia）	BB_g	稳定	20151221
12	伊拉克（Iraq）	B_g^+	稳定	20151220
13	俄罗斯（Russia）	A_g^-	稳定	20151220
14	新加坡（Singapore）	AAA_g	稳定	20151220
15	孟加拉国（Bangladesh）	BB_g^-	稳定	20151220
16	白俄罗斯（Belarus）	B_g	负面	20151220
17	保加利亚（Bulgaria）	BBB_g^+	稳定	20151220
18	柬埔寨（Cambodia）	B_g	稳定	20151220
19	克罗地亚（Croatia）	BB_g^+	负面	20151220
20	埃及（Egypt）	B_g^-	稳定	20151220
21	爱沙尼亚（Estonia）	A_g	稳定	20151220
22	希腊（Greece）	CC_g	稳定	20151220
23	印度尼西亚（Indonesia）	BBB_g^-	稳定	20151220
24	伊朗（Iran）	B_g^+	正面	20151220
25	吉尔吉斯斯坦（Kyrghizstan）	B_g	稳定	20151220
26	老挝（Laos）	B_g^-	稳定	20151220
27	马来西亚（Malaysia）	A_g^-	稳定	20151220
28	毛里求斯（Mauritius）	BBB_g	稳定	20151220
29	波兰（Poland）	A_g	稳定	20151220
30	罗马尼亚（Romania）	BBB_g	稳定	20151220
31	斯里兰卡（Sri Lanka）	B_g^+	稳定	20151220
32	塔吉克斯坦（Tajikistan）	B_g	稳定	20151220
33	泰国（Thailand）	BBB_g^+	稳定	20151220
34	土耳其（Turkey）	BB_g	负面	20151220
35	土库曼斯坦（Turkmenistan）	BB_g	稳定	20151220
36	乌克兰（Ukraine）	B_g^-	负面	20151220
37	乌兹别克斯坦（Uzbekistan）	BBB_g	稳定	20151220

序号	国家	评级	评级展望	最近评级时间
38	捷克（Czech ）	A_g^+	稳定	20150920
39	卡塔尔（Qatar ）	AA_g	稳定	20150920
40	阿联酋（Arab Emirates ）	AA_g	稳定	20150820
41	哈萨克斯坦（Kazakhstan ）	BBB_g^+	稳定	20150420

附表五 时变随机前沿贸易引力模型下2001—2015年中国对各国的出口贸易效率

序号	国家	2001	2002	2003	2004	2005	2006	2007	2008	2009
1	蒙古	0.0290	0.0345	0.0407	0.0475	0.0552	0.0635	0.0727	0.0826	0.0933
2	新加坡	0.3752	0.3934	0.4117	0.4298	0.4478	0.4656	0.4832	0.5006	0.5177
3	马来西亚	0.3573	0.3756	0.3939	0.4121	0.4303	0.4482	0.4661	0.4837	0.5011
4	印度尼西亚	0.0187	0.0227	0.0274	0.0326	0.0385	0.0452	0.0526	0.0607	0.0696
5	缅甸	0.1243	0.1376	0.1515	0.1661	0.1813	0.1970	0.2133	0.2300	0.2471
6	泰国	0.2386	0.2558	0.2734	0.2912	0.3092	0.3274	0.3457	0.3640	0.3824
7	老挝	0.0322	0.0381	0.0446	0.0519	0.0600	0.0688	0.0785	0.0888	0.1000
8	柬埔寨	0.2104	0.2270	0.2440	0.2614	0.2790	0.2969	0.3150	0.3332	0.3515
9	越南	0.2360	0.2532	0.2707	0.2884	0.3064	0.3246	0.3429	0.3612	0.3796
10	菲律宾	0.1016	0.1135	0.1263	0.1397	0.1537	0.1684	0.1837	0.1995	0.2159
11	伊朗	0.1699	0.1852	0.2011	0.2174	0.2342	0.2513	0.2688	0.2866	0.3046
12	土耳其	0.1329	0.1467	0.1611	0.1760	0.1916	0.2077	0.2242	0.2412	0.2585
13	约旦	0.3666	0.3849	0.4032	0.4213	0.4394	0.4573	0.4750	0.4925	0.5098
14	黎巴嫩	0.1440	0.1583	0.1732	0.1886	0.2046	0.2210	0.2379	0.2551	0.2727
15	以色列	0.1402	0.1543	0.1690	0.1843	0.2001	0.2165	0.2332	0.2504	0.2679
16	沙特阿拉伯	0.1670	0.1822	0.1979	0.2142	0.2309	0.2480	0.2654	0.2831	0.3011
17	也门	0.2313	0.2484	0.2658	0.2835	0.3014	0.3196	0.3378	0.3562	0.3745
18	阿曼	0.0282	0.0335	0.0396	0.0463	0.0538	0.0621	0.0711	0.0809	0.0915
19	阿联酋	0.5714	0.5870	0.6023	0.6172	0.6318	0.6459	0.6597	0.6731	0.6862
20	卡塔尔	0.0165	0.0202	0.0244	0.0293	0.0348	0.0410	0.0479	0.0556	0.0640

续表

序号	国家	2001	2002	2003	2004	2005	2006	2007	2008	2009
21	科威特	0.0540	0.0623	0.0713	0.0811	0.0917	0.1030	0.1151	0.1279	0.1414
22	巴林	0.0460	0.0534	0.0616	0.0706	0.0804	0.0909	0.1022	0.1142	0.1270
23	希腊	0.0822	0.0929	0.1043	0.1165	0.1293	0.1429	0.1571	0.1720	0.1874
24	塞浦路斯	0.1042	0.1164	0.1292	0.1428	0.1570	0.1718	0.1873	0.2032	0.2196
25	埃及的西奈半岛	0.2491	0.2665	0.2842	0.3022	0.3203	0.3385	0.3569	0.3752	0.3936
26	印度	0.0674	0.0769	0.0871	0.0982	0.1099	0.1224	0.1356	0.1495	0.1641
27	巴基斯坦	0.0887	0.0998	0.1117	0.1243	0.1376	0.1516	0.1662	0.1814	0.1971
28	孟加拉国	0.1414	0.1556	0.1703	0.1857	0.2016	0.2179	0.2347	0.2519	0.2694
29	斯里兰卡	0.1547	0.1695	0.1848	0.2006	0.2169	0.2337	0.2509	0.2684	0.2861
30	尼泊尔	0.0321	0.0380	0.0445	0.0519	0.0599	0.0687	0.0783	0.0887	0.0998
31	哈萨克斯坦	0.1086	0.1210	0.1341	0.1479	0.1624	0.1774	0.1930	0.2092	0.2257
32	乌兹别克斯坦	0.0515	0.0595	0.0683	0.0779	0.0882	0.0993	0.1111	0.1237	0.1370
33	土库曼斯坦	0.0461	0.0536	0.0618	0.0708	0.0806	0.0911	0.1024	0.1145	0.1272
34	塔吉克斯坦	0.0625	0.0716	0.0814	0.0920	0.1033	0.1154	0.1283	0.1418	0.1560
35	吉尔吉斯斯坦	0.5356	0.5520	0.5681	0.5838	0.5992	0.6142	0.6289	0.6432	0.6571
36	俄罗斯	0.1307	0.1443	0.1586	0.1735	0.1889	0.2049	0.2214	0.2383	0.2555
37	乌克兰	0.2143	0.2310	0.2480	0.2654	0.2832	0.3011	0.3192	0.3375	0.3558
38	白俄罗斯	0.0131	0.0162	0.0198	0.0240	0.0288	0.0343	0.0404	0.0473	0.0549
39	格鲁吉亚	0.0215	0.0260	0.0311	0.0368	0.0432	0.0504	0.0583	0.0670	0.0764
40	阿塞拜疆	0.0355	0.0417	0.0487	0.0565	0.0650	0.0743	0.0843	0.0951	0.1067
41	亚美尼亚	0.0064	0.0081	0.0103	0.0129	0.0159	0.0195	0.0236	0.0284	0.0338
42	摩尔多瓦	0.0125	0.0155	0.0190	0.0231	0.0277	0.0330	0.0390	0.0457	0.0531
43	波兰	0.1345	0.1483	0.1627	0.1778	0.1934	0.2095	0.2261	0.2431	0.2605
44	立陶宛	0.0660	0.0754	0.0855	0.0964	0.1080	0.1204	0.1335	0.1473	0.1618
45	爱沙尼亚	0.0989	0.1107	0.1232	0.1365	0.1504	0.1650	0.1801	0.1958	0.2120
46	拉脱维亚	0.0675	0.0770	0.0872	0.0982	0.1100	0.1225	0.1357	0.1496	0.1642
47	捷克	0.1760	0.1915	0.2076	0.2241	0.2410	0.2583	0.2760	0.2938	0.3119

续表

序号	国家	2001	2002	2003	2004	2005	2006	2007	2008	2009
48	斯洛伐克	0.0488	0.0565	0.0651	0.0743	0.0844	0.0952	0.1068	0.1191	0.1321
49	匈牙利	0.3130	0.3312	0.3494	0.3678	0.3861	0.4044	0.4226	0.4407	0.4586
50	斯洛文尼亚	0.0612	0.0701	0.0798	0.0903	0.1016	0.1135	0.1263	0.1397	0.1538
51	克罗地亚	0.0736	0.0836	0.0944	0.1059	0.1182	0.1311	0.1448	0.1591	0.1741
52	波黑	0.0336	0.0396	0.0464	0.0539	0.0621	0.0712	0.0810	0.0915	0.1029
53	阿尔巴尼亚	0.0308	0.0365	0.0429	0.0500	0.0579	0.0666	0.0760	0.0862	0.0971
54	罗马尼亚	0.0981	0.1098	0.1223	0.1355	0.1494	0.1639	0.1790	0.1947	0.2109
55	保加利亚	0.0739	0.0839	0.0947	0.1062	0.1185	0.1315	0.1451	0.1595	0.1744

序号	国家	2010	2011	2012	2013	2014	2015	平均贸易效率
1	蒙古	0.1048	0.1170	0.1299	0.1435	0.1578	0.1727	0.0897
2	新加坡	0.5346	0.5511	0.5673	0.5832	0.5987	0.6138	0.4982
3	马来西亚	0.5182	0.5351	0.5516	0.5678	0.5837	0.5992	0.4816
4	印度尼西亚	0.0793	0.0897	0.1009	0.1129	0.1256	0.1390	0.0677
5	缅甸	0.2645	0.2822	0.3002	0.3183	0.3366	0.3550	0.2337
6	泰国	0.4007	0.4190	0.4371	0.4551	0.4729	0.4905	0.3642
7	老挝	0.1119	0.1245	0.1378	0.1518	0.1665	0.1817	0.0958
8	柬埔寨	0.3699	0.3883	0.4066	0.4249	0.4430	0.4609	0.3341
9	越南	0.3979	0.4162	0.4344	0.4524	0.4702	0.4879	0.3615
10	菲律宾	0.2326	0.2498	0.2673	0.2851	0.3031	0.3212	0.2041
11	伊朗	0.3228	0.3411	0.3595	0.3779	0.3962	0.4145	0.2888
12	土耳其	0.2761	0.2940	0.3121	0.3303	0.3487	0.3671	0.2445
13	约旦	0.5268	0.5435	0.5598	0.5759	0.5915	0.6069	0.4903
14	黎巴嫩	0.2906	0.3086	0.3268	0.3452	0.3635	0.3819	0.2581
15	以色列	0.2857	0.3037	0.3218	0.3401	0.3585	0.3769	0.2535
16	沙特阿拉伯	0.3192	0.3375	0.3559	0.3743	0.3927	0.4110	0.2854
17	也门	0.3929	0.4112	0.4294	0.4475	0.4653	0.4830	0.3565
18	阿曼	0.1028	0.1149	0.1277	0.1412	0.1554	0.1702	0.0879
19	阿联酋	0.6988	0.7110	0.7229	0.7344	0.7454	0.7561	0.6696
20	卡塔尔	0.0732	0.0832	0.0939	0.1054	0.1177	0.1306	0.0625

序号	国家	2010	2011	2012	2013	2014	2015	平均贸易效率
21	科威特	0.1556	0.1704	0.1858	0.2017	0.2181	0.2349	0.1343
22	巴林	0.1404	0.1546	0.1693	0.1847	0.2005	0.2169	0.1208
23	希腊	0.2034	0.2198	0.2367	0.2539	0.2715	0.2893	0.1773
24	塞浦路斯	0.2365	0.2537	0.2713	0.2891	0.3072	0.3254	0.2077
25	埃及的西奈半岛	0.4119	0.4301	0.4481	0.4660	0.4837	0.5011	0.3752
26	印度	0.1792	0.1949	0.2111	0.2277	0.2448	0.2622	0.1554
27	巴基斯坦	0.2134	0.2301	0.2472	0.2647	0.2824	0.3004	0.1864
28	孟加拉国	0.2872	0.3052	0.3234	0.3417	0.3601	0.3785	0.2550
29	斯里兰卡	0.3041	0.3223	0.3406	0.3590	0.3774	0.3958	0.2710
30	尼泊尔	0.1117	0.1244	0.1377	0.1517	0.1663	0.1815	0.0957
31	哈萨克斯坦	0.2428	0.2601	0.2778	0.2957	0.3138	0.3321	0.2134
32	乌兹别克斯坦	0.1510	0.1656	0.1808	0.1965	0.2127	0.2295	0.1302
33	土库曼斯坦	0.1407	0.1549	0.1696	0.1850	0.2009	0.2173	0.1211
34	塔吉克斯坦	0.1708	0.1861	0.2021	0.2185	0.2353	0.2526	0.1478
35	吉尔吉斯斯坦	0.6706	0.6837	0.6964	0.7088	0.7207	0.7323	0.6396
36	俄罗斯	0.2731	0.2910	0.3090	0.3273	0.3456	0.3640	0.2417
37	乌克兰	0.3742	0.3926	0.4109	0.4291	0.4472	0.4651	0.3383
38	白俄罗斯	0.0632	0.0724	0.0823	0.0929	0.1044	0.1166	0.0540
39	格鲁吉亚	0.0867	0.0977	0.1094	0.1219	0.1351	0.1490	0.0740
40	阿塞拜疆	0.1190	0.1321	0.1458	0.1602	0.1752	0.1907	0.1021
41	亚美尼亚	0.0399	0.0467	0.0542	0.0625	0.0716	0.0814	0.0343
42	摩尔多瓦	0.0613	0.0703	0.0800	0.0905	0.1018	0.1138	0.0524
43	波兰	0.2781	0.2961	0.3142	0.3324	0.3508	0.3692	0.2464
44	立陶宛	0.1768	0.1924	0.2085	0.2251	0.2421	0.2595	0.1533
45	爱沙尼亚	0.2287	0.2458	0.2632	0.2809	0.2989	0.3170	0.2005
46	拉脱维亚	0.1793	0.1950	0.2112	0.2278	0.2449	0.2623	0.1555
47	捷克	0.3301	0.3485	0.3668	0.3852	0.4036	0.4218	0.2958
48	斯洛伐克	0.1459	0.1602	0.1752	0.1908	0.2068	0.2234	0.1256
49	匈牙利	0.4763	0.4938	0.5111	0.5281	0.5448	0.5611	0.4393

续表

序号	国家	2010	2011	2012	2013	2014	2015	平均贸易效率
50	斯洛文尼亚	0.1685	0.1838	0.1996	0.2160	0.2327	0.2499	0.1458
51	克罗地亚	0.1896	0.2056	0.2221	0.2390	0.2563	0.2739	0.1648
52	波黑	0.1149	0.1278	0.1413	0.1554	0.1702	0.1856	0.0985
53	阿尔巴尼亚	0.1088	0.1213	0.1345	0.1483	0.1628	0.1779	0.0932
54	罗马尼亚	0.2275	0.2446	0.2620	0.2797	0.2976	0.3157	0.1994
55	保加利亚	0.1899	0.2060	0.2225	0.2394	0.2567	0.2744	0.1651

附表六　贸易非效率模型下2001—2015年中国对各国的出口贸易效率

序号	国家	2001	2002	2003	2004	2005	2006	2007	2008	2009
1	蒙古	0.0842	0.0872	0.0864	0.0939	0.0973	0.0882	0.0893	0.0776	0.0914
2	新加坡	0.4682	0.4976	0.5349	0.5776	0.5952	0.6171	0.5778	0.5110	0.4624
3	马来西亚	0.1826	0.2354	0.2517	0.2598	0.2735	0.2641	0.2357	0.1981	0.1927
4	印度尼西亚	0.0191	0.0218	0.0241	0.0238	0.0258	0.0212	0.0194	0.0184	0.0151
5	缅甸	0.0923	0.1227	0.1024	0.0893	0.0773	0.0786	0.0680	0.0474	0.0460
6	泰国	0.1120	0.1248	0.1337	0.1614	0.1705	0.1601	0.1304	0.1193	0.1001
7	老挝	0.0556	0.0548	0.0813	0.0713	0.0607	0.0675	0.0509	0.0496	0.0607
8	柬埔寨	0.1507	0.1693	0.1753	0.1955	0.1884	0.1845	0.1610	0.1384	0.1160
9	越南	0.0847	0.0889	0.1077	0.1157	0.1184	0.1124	0.1161	0.0981	0.0962
10	菲律宾	0.0607	0.0685	0.0861	0.0950	0.0863	0.0803	0.0713	0.0578	0.0546
11	伊朗	0.0688	0.0952	0.1214	0.1079	0.1019	0.1086	0.1122	0.0779	0.0734
12	土耳其	0.0500	0.0616	0.0817	0.0815	0.0967	0.1255	0.1223	0.0982	0.0805
13	约旦	0.2908	0.3447	0.4243	0.4473	0.4890	0.4202	0.3453	0.3397	0.3296
14	黎巴嫩	0.2152	0.2255	0.2470	0.2504	0.2195	0.2101	0.2011	0.1938	0.1670
15	以色列	0.2129	0.2217	0.2443	0.2475	0.2634	0.2701	0.2562	0.2029	0.1805
16	沙特阿拉伯	0.1326	0.1549	0.1656	0.1499	0.1514	0.1510	0.1529	0.1465	0.1326
17	也门	0.1627	0.1987	0.1971	0.1855	0.1827	0.1982	0.1734	0.1325	0.1351
18	阿曼	0.0808	0.0726	0.0811	0.0826	0.0996	0.1183	0.1283	0.1184	0.1226

序号	国家	2001	2002	2003	2004	2005	2006	2007	2008	2009
19	阿联酋	0.5040	0.6286	0.6930	0.6837	0.6590	0.6276	0.5880	0.5341	0.4592
20	卡塔尔	0.0694	0.0864	0.0932	0.0992	0.1257	0.1526	0.1327	0.1337	0.1159
21	科威特	0.1392	0.1613	0.2718	0.1694	0.1572	0.1543	0.1512	0.1264	0.1306
22	巴林	0.1536	0.1474	0.1617	0.1745	0.2010	0.2206	0.1892	0.1993	0.1564
23	希腊	0.1241	0.1194	0.1333	0.1280	0.1465	0.1354	0.1445	0.1272	0.1085
24	塞浦路斯	0.2863	0.4294	0.3538	0.2446	0.3115	0.3078	0.3610	0.3823	0.4246
25	埃及的西奈半岛	0.1124	0.1084	0.1134	0.1403	0.1508	0.1604	0.1542	0.1407	0.1124
26	印度	0.0154	0.0187	0.0193	0.0241	0.0260	0.0306	0.0321	0.0294	0.0255
27	巴基斯坦	0.0388	0.0552	0.0648	0.0626	0.0672	0.0624	0.0593	0.0480	0.0417
28	孟加拉国	0.0574	0.0646	0.0704	0.0828	0.0849	0.0901	0.0703	0.0612	0.0553
29	斯里兰卡	0.1649	0.1387	0.1516	0.1748	0.1741	0.1601	0.1430	0.1129	0.1024
30	尼泊尔	0.0581	0.0451	0.0463	0.0478	0.0456	0.0464	0.0484	0.0341	0.0328
31	哈萨克斯坦	0.0609	0.0885	0.1518	0.1500	0.1892	0.1620	0.1520	0.1332	0.1229
32	乌兹别克斯坦	0.0250	0.0453	0.0529	0.0520	0.0573	0.0726	0.0816	0.0852	0.0895
33	土库曼斯坦	0.0598	0.1143	0.0887	0.0796	0.0703	0.0844	0.0966	0.1293	0.1351
34	塔吉克斯坦	0.0167	0.0178	0.0344	0.0553	0.0991	0.1458	0.1525	0.2260	0.1899
35	吉尔吉斯斯坦	0.0996	0.1561	0.2046	0.2999	0.4190	0.6260	0.6247	0.7433	0.5952
36	俄罗斯	0.0491	0.0574	0.0737	0.0772	0.0777	0.0720	0.0721	0.0560	0.0409
37	乌克兰	0.0585	0.0937	0.1267	0.1529	0.1817	0.1894	0.1855	0.1590	0.1108
38	白俄罗斯	0.0120	0.0171	0.0242	0.0327	0.0321	0.0510	0.0407	0.0403	0.0365
39	格鲁吉亚	0.0150	0.0261	0.0461	0.0409	0.0516	0.0715	0.0942	0.0947	0.0747
40	阿塞拜疆	0.0213	0.1052	0.1659	0.1027	0.1073	0.0976	0.0798	0.0691	0.0579
41	亚美尼亚	0.0202	0.0184	0.0240	0.0382	0.0485	0.0480	0.0451	0.0408	0.0536
42	摩尔多瓦	0.0176	0.0129	0.0326	0.0686	0.1089	0.0627	0.0634	0.0567	0.0593
43	波兰	0.0921	0.0978	0.1135	0.1058	0.1091	0.1305	0.1370	0.1335	0.1249
44	立陶宛	0.0926	0.1245	0.1554	0.1838	0.1928	0.2143	0.1943	0.1731	0.1326
45	爱沙尼亚	0.5057	0.2935	0.2397	0.2534	0.2998	0.3358	0.2856	0.2187	0.1639
46	拉脱维亚	0.0936	0.1201	0.1499	0.1753	0.2066	0.2329	0.2147	0.1823	0.1285

续表

序号	国家	2001	2002	2003	2004	2005	2006	2007	2008	2009
47	捷克	0.1535	0.1870	0.2242	0.1927	0.1942	0.2162	0.2419	0.2048	0.1977
48	斯洛伐克	0.0521	0.0636	0.0703	0.0667	0.0933	0.1305	0.1911	0.1750	0.1403
49	匈牙利	0.2859	0.3204	0.3687	0.3386	0.2840	0.3053	0.3118	0.2715	0.2603
50	斯洛文尼亚	0.1053	0.1183	0.1418	0.1498	0.1618	0.2026	0.2164	0.2030	0.1763
51	克罗地亚	0.1196	0.0928	0.1046	0.1479	0.1796	0.2073	0.2440	0.1971	0.1479
52	波黑	0.0268	0.0522	0.0612	0.0986	0.1181	0.1163	0.1573	0.1557	0.0861
53	阿尔巴尼亚	0.0579	0.0647	0.0810	0.1031	0.1062	0.0775	0.0715	0.0938	0.0992
54	罗马尼亚	0.0718	0.0876	0.0935	0.1313	0.1289	0.3126	0.1035	0.0953	0.0909
55	保加利亚	0.0778	0.0921	0.1141	0.1589	0.1694	0.3863	0.1520	0.1351	0.0846

序号	国家	2010	2011	2012	2013	2014	2015	平均贸易效率
1	蒙古	0.0842	0.0974	0.0869	0.0784	0.0722	0.0575	0.0848
2	新加坡	0.3872	0.3505	0.3461	0.3448	0.3403	0.3593	0.4647
3	马来西亚	0.1567	0.1412	0.1634	0.1749	0.1698	0.1746	0.2049
4	印度尼西亚	0.0156	0.0150	0.0151	0.0145	0.0140	0.0124	0.0184
5	缅甸	0.0496	0.0520	0.0566	0.0683	0.0762	0.0794	0.0737
6	泰国	0.1102	0.1069	0.1130	0.1050	0.1096	0.1206	0.1252
7	老挝	0.0580	0.0465	0.0654	0.0918	0.0911	0.0659	0.0647
8	柬埔寨	0.1284	0.1578	0.1620	0.1723	0.1550	0.1689	0.1616
9	越南	0.1017	0.1016	0.1009	0.1135	0.1285	0.1317	0.1077
10	菲律宾	0.0518	0.0504	0.0527	0.0558	0.0604	0.0648	0.0664
11	伊朗	0.0747	0.0737	0.0593	0.0678	0.1058	0.0889	0.0892
12	土耳其	0.0821	0.0832	0.0792	0.0794	0.0797	0.0801	0.0854
13	约旦	0.2671	0.2676	0.2772	0.2759	0.2605	0.2667	0.3364
14	黎巴嫩	0.1654	0.1482	0.1559	0.1948	0.1934	0.1770	0.1976
15	以色列	0.1873	0.1852	0.1833	0.1764	0.1713	0.1951	0.2132
16	沙特阿拉伯	0.1209	0.1154	0.1220	0.1176	0.1253	0.1458	0.1390
17	也门	0.1104	0.0910	0.1210	0.1098	0.1048	0.0846	0.1458
18	阿曼	0.1078	0.0883	0.1211	0.1157	0.1151	0.1288	0.1054
19	阿联酋	0.3618	0.3469	0.3382	0.3485	0.3751	0.3729	0.5014

序号	国家	2010	2011	2012	2013	2014	2015	平均贸易效率
20	卡塔尔	0.0907	0.0804	0.0699	0.0828	0.0964	0.1104	0.1026
21	科威特	0.1300	0.1048	0.0918	0.1045	0.1287	0.1761	0.1465
22	巴林	0.1922	0.1657	0.1889	0.1769	0.1745	0.1564	0.1772
23	希腊	0.1115	0.0955	0.0900	0.0819	0.0999	0.1036	0.1166
24	塞浦路斯	0.3884	0.2884	0.2808	0.2430	0.2475	0.1828	0.3155
25	埃及的西奈半岛	0.1029	0.0961	0.0931	0.0866	0.1013	0.1109	0.1189
26	印度	0.0254	0.0237	0.0220	0.0210	0.0213	0.0221	0.0238
27	巴基斯坦	0.0421	0.0377	0.0382	0.0412	0.0457	0.0525	0.0505
28	孟加拉国	0.0639	0.0595	0.0555	0.0566	0.0592	0.0649	0.0664
29	斯里兰卡	0.0906	0.1025	0.0998	0.0991	0.1006	0.1105	0.1284
30	尼泊尔	0.0394	0.0437	0.0628	0.0660	0.0652	0.0295	0.0474
31	哈萨克斯坦	0.1075	0.0795	0.0813	0.0788	0.0830	0.0694	0.1140
32	乌兹别克斯坦	0.0560	0.0483	0.0533	0.0636	0.0605	0.0527	0.0597
33	土库曼斯坦	0.0738	0.0746	0.1150	0.0764	0.0608	0.0597	0.0879
34	塔吉克斯坦	0.1698	0.1833	0.1450	0.1347	0.1571	0.1401	0.1245
35	吉尔吉斯斯坦	0.4384	0.3719	0.3567	0.3147	0.3271	0.3065	0.3922
36	俄罗斯	0.0469	0.0421	0.0432	0.0440	0.0476	0.0433	0.0562
37	乌克兰	0.1159	0.1112	0.1074	0.1080	0.0926	0.0880	0.1254
38	白俄罗斯	0.0696	0.0504	0.0596	0.0456	0.0519	0.0496	0.0409
39	格鲁吉亚	0.0835	0.1397	0.1295	0.1334	0.1394	0.1392	0.0853
40	阿塞拜疆	0.0669	0.0532	0.0575	0.0455	0.0364	0.0336	0.0733
41	亚美尼亚	0.0562	0.0508	0.0424	0.0418	0.0417	0.0408	0.0407
42	摩尔多瓦	0.0555	0.0515	0.0592	0.0499	0.0505	0.0513	0.0534
43	波兰	0.1239	0.1153	0.1261	0.1194	0.1272	0.1434	0.1200
44	立陶宛	0.1576	0.1554	0.1808	0.1713	0.1632	0.1468	0.1626
45	爱沙尼亚	0.2264	0.2586	0.2614	0.2241	0.2211	0.2155	0.2669
46	拉脱维亚	0.1686	0.1836	0.2003	0.1934	0.1836	0.1705	0.1736
47	捷克	0.2245	0.1904	0.1707	0.1699	0.1903	0.2180	0.1984
48	斯洛伐克	0.1534	0.1524	0.1505	0.1651	0.1522	0.1656	0.1281

序号	国家	2010	2011	2012	2013	2014	2015	平均贸易效率
49	匈牙利	0.2630	0.2194	0.2047	0.1873	0.1805	0.1816	0.2655
50	斯洛文尼亚	0.2344	0.2254	0.2178	0.2252	0.2306	0.2672	0.1917
51	克罗地亚	0.1536	0.1416	0.1303	0.1307	0.1024	0.1125	0.1475
52	波黑	0.0807	0.0722	0.0850	0.1009	0.2985	0.0983	0.1072
53	阿尔巴尼亚	0.0861	0.0917	0.1037	0.0915	0.1011	0.1246	0.0902
54	罗马尼亚	0.0957	0.0847	0.0748	0.0677	0.0727	0.0789	0.1060
55	保加利亚	0.0824	0.0888	0.0953	0.0936	0.0964	0.0978	0.1283